KB184264

나 는 당 신 의 자 매 입 니 다

AUDRE LORDE

오드리 로드 지음

박미선·이향미 옮김

나는 당신의 자매입니다

I AM YOUR SISTER

오월의봄

차례

2부 | 나의 글은 계속 존재할 것이다

3부 | 차이와 생존

흑인 퀴어 페미니즘의
전 지구적 지평

이 책은 미국의 흑인 퀴어 페미니스트 오드리 로드가 1976년부터 1990년까지 쓴 에세이, 연설문, 미출간 산문을 모아놓은 책이다. 로드는 공개적으로 커밍아웃한 레즈비언 여성으로서, 백인과 남성이 지배하는 미국 주류 문단의 벽을 부순 최초의 흑인 여성 시인이다. 그는 1970년대와 1980년대 미국의 흑인 민권운동, 급진적 여성운동, 게이레즈비언운동(초기 퀴어운동)의 담론을 형성했다. 지면을 통해서든 공적인 어느 자리에서든 그는 자신이 인종 경계를 넘어 백인 레즈비언 여성과 결혼생활을 하면서 딸과 아들을 기르는 흑인 레즈비언 페미니스트임을 공표했고 흑인 레즈비언 페미니스트 전사 엄마로서 발언했다. 그가 자신이 엄마임을 빼놓지 않고 밝혔던 것은 레즈비언 공동체에서도 자녀를 양육하는 엄마는 침묵하는 소수였기 때문이다. 늘 다층적 정체성을 공표한 그의 행위는 흑인, 레즈비언, 페미니스트, 여성, 엄마들에게 노골적으로 또는 은근히 강요되는 침묵을 공개적으로 깨기 위해서였다.

　로드는 모든 에세이와 연설문에서 다층적인 정체성을 밝히고 글을 썼다. 사회적, 성적, 정치적 소수자의 위치를 부여받는 흑인 레즈비언 여성들을 공적 인식의 지평에 들여오기 위해서였다. 또한 그들이 흑인 공동체, 여성운동, 페미니스트 공동체, 레즈비언 공동체를 일구며 미국 사회에서 흑인과 여성과 퀴어와 노동자의 해방에 기여한 역사의 주체임을 기록하기 위해서였다. 이 책에 실린 모든 글이 보여주듯, 흑인 레즈비언 여성들의 삶을 짓누르는 폭력에 저항하고 그들이 처한 고립과 두려움을 줄이는 것이 로드가 글을 쓰는 이유였다. 로드의 글을 읽은 수많은 (레즈비언) 페미니스트들이 훗날 자신들의 작품과 저서에 기록하듯, 공개적으로 커밍아웃한 흑인 레즈비언 페미니스트의 글을 읽는다는 것은 고립 속에서 살아가는 아웃사이더, 흑인, 레즈비언, 여성들에게 큰 위로와 힘이 된다. 아웃사이더들이 자신이 혼자가 아님을 다른 아웃사이더의 글을 통해 알게 될 때 그들은 서로에게 자매가 된다. 스스로를 "시스터 아웃사이더", "당신의 자매"라 불렀던 로드는 글을 씀으로써 아웃사이더들을 역사와 공동체를 일군 주체라고 기록/재정의하고 여러 차이와 시대를 가로질러 그들을 조직한 시스터다.

이 책의 영문판과 한국어판이 출판된 과정은 페미니스트들의 삶과 글, 지식이 우리에게 유산으로 전수되는 역사도 담고 있다. 로드는 여섯 권의 시집을 출판한 후인 1976년부터 본격적으로 산문을 썼다. 시인으로서 명성이 드높았던 로드는 1970년대에 급진적 여성운동과 페미니스트 공동체에서 가장 널리 알려진 흑인 페미니스트였다. 《시스터 아웃사이더》는 교차성 이론을 제시함으로써 당대 급진 페미니즘의 젠더 중심적 편향을 혁신한다. 《시스터 아웃사이더》에 실리지 않은 글들 그리고 《시스터 아웃사이더》 출간 이후에 쓴 글을 모은 이 책은 로드의 퀴어 페미니즘과 전 지구적 지평을 잘 보여준다. 로드는 자신의 글이 널리 읽히도록 저작권 없이 무료로 이용하도록 할 것과 자신이 보관했던 모든 문서를 스펠먼대학교에 기증한다는 유언을 남겼다. 스펠먼대학교는 오드리 로드 아카이브 정리 작업을 거쳐 2009년 대중에 공개했다. 이 책의 영문판, 한국어판 둘 다 로드의 유언과 아카이브 공개 덕분에 출간된 책이다.

이 책의 모든 글에서 로드는 흑인 퀴어 페미니스트의 입장에서 말한다. 제목 "나는 당신의 자매입니다"는 로드의 이 입장을 압축한 문구다. 이 책에서 로드는 이 입장과 전 지구적 관점에서 1980년대의 여성운동, 퀴어운동, 소수집단 인권운동 등을 서로 연결하여 확장한다. "나는 당신의 자매입니다"는 흑인 레즈비언에 대한 사회적 인정을 촉구하는 문구이자, 미국의 흑인과 퀴어 시민들이 국제적 시민사회에도 책임이 있음을 강조한 문구다. 이 책에 실린 글 하나하나가 로드가 "당신의 자매"로서 실천하는 행동이자, 유색인종 퀴어 여성이 "당신의 자매"임을 인식하라는 절규다. 이 책은 흑인, 여성, 어린이, 퀴어에 대한 폭력의 기록이자 그 폭력에 맞선 저항의 기록이다. 기록하지 않으면 일어나지 않은 일로 무시되기 때문이다. 이 때문에 소수자의 글쓰기는 자기 존재의 사회적 증명이자 폭력의 기록이고 폭력에 대한 저항의 행위다. 흑인 퀴어 페미니스트로서 로드는 아프리카, 중동, 남아메리카의 전쟁 지역에서 매일같이 재난 상황을 살아가는 이들의 삶이 미국 시민들의 삶과 연결된 것임을 규명하고, 그렇기에 미국의 흑인과 퀴어 시민은 세계 시민사회에 책임이 있음을 역설한다.

일찍이 1980년대에 로드는 흑인 페미니즘의 초국가적 지평을 만들어냈다. 이 시기 미국의 많은 흑인 페미니스트들이 흑인중심주의Afro-centrism를 따른 것과 달리, 로드는 전 지구적 관점에서 흑인 페미니즘을 확장했다. 미국의 인종차별은 남아공의 아파르트헤이트를 강화한다(2장). 로드는 미국과 유럽의 대도시에서 흑인 아동과 청년들이 약물중독으로 죽어가는 것, 세계의 여러 전쟁 지역에서 일어나는 대규모 학살, 미국의 군비 지원과 직결된 핵무기 실험으로 인한 죽음과 생태적, 신체적 재난, 북미와 유럽에서 퀴어와 외국인 노동자에 대한 폭력의 증가 등은 모두 서로 연결된 폭력임을 분석하고 그 연결점들을 인식하기를 촉구한다(1부와 3부). 이 책에서 미국이라는 국가 경계를 넘어서는 로드 인식의 지평은 《시스터 아웃사이더》와 비교하면 더 잘 파악된다. 《시스터 아웃사이더》에서 로드는 미국 흑인 페미니즘의 전통에서 글을 쓰면서 주로 국내 문제에 목소리를 낸다. 그러면서 당대 흑인 공동체와 여성운동의 담론과 정치에 개입하여 미국 사회의 그 어느 집단에도 온전히 속하지 못하는 아웃사이더(흑인 레즈비언 여성)의 경험을 흑인 페미니즘의 지식과 교차성 이론으로 생산한다. 《나는 당신의 자매입니다》는 전 지구적 지평에서 지식을 생산하고 활동한 흑인 퀴어 페미니스트로서 로드의 삶과 목소리를 담고 있다.

로드는 흑인 퀴어 여성의 관점과 입장에서 흑인 퀴어 여성의 경험을 지식으로 생산한다. 이런 퀴어 인식론에 기반한 정치도 실천한다. 주목할 점은 로드의 이런 관점, 활동, 지식 생산이 모두 전 지구적 지평을 지닌다는 점이다. 이 점이 바로 이 책의 특별함이다. 전 지구적 관점을 지닌 흑인 퀴어 페미니즘은 로드가 우리에게 남긴 유산이다. 이를 대표적으로 보여주는 글을 꼽자면 1장, 3장, 9장, 16장, 17장이다.

로드의 지식 생산에서 가장 인상적인 대목은 레즈비언 엄마의 자녀 양육과 퀴어 미래에 대한 논의다. 3장 〈다른 방향에서 바라보기: 레즈비언 엄마의 자녀 양육 1986〉에서 로드는 흑인 퀴어 페미니스트 엄마로서 말한다. 이 글은 1980년대 중반 퀴어 공동체에서 젖먹이 아기들이 늘어나는 현상을 보며 동성애혐오에 기반한 백인 중심의 인종차별적 체계에서 퀴어 미래의 의미를 검토한다. 로드가 이 글에서 제시한 퀴어 비전은 우리가 노력하거나 기대한 만큼 변화가 이루어지지 않을 수 있음을 인식한 채 꾸준히 계속 시도함으로써 미래를 만들어가는 정치다. 이 정치는 퀴어 주체가 알고 있는 세상을 후속 세대에게 정확히 가르쳐주는 것, 후속 세대와 함께 매일 변화를 일구어가는 정치다. 로드에게 퀴어 정치는 일상적 활동이다. 딸과 아들을 기르는 흑인 퀴어 엄마에게 생존의 문제는 매일 해결책을 고안하고 실천해야 하는 문제이기 때문이다. 그래서 유색인종 퀴어가 겪은 경험과 역사를 전수하는 것은 후속 세대가 자신들의 전투지에서 싸울 무기를 갖추도록 돕는 일이다. 이것은 우리가 살아남으면서 체득한 생존의 기술과 지혜를 전수한다고 해도 유의미한 사회 변화는 자녀 세대의 평생에도 실현되지 않을 수 있음을 인식한 채 꾸준히 매일의 삶에서 미래를 만들어가는 일이다.

이런 퀴어 비전은 미국의 1980년대 상황에 대한 로드의 분석에서 나온다. 로드는 당시 상황에 대응하며 퀴어 미래를 만들어가는 데 온 힘을 쏟았다. 1장, 2장, 3장, 9장, 16장에서 분석하듯, 이 시기는 미국에서 신자유주의가 본격화되면서 노동 불안정성이 증가하고 사회복지가 축소되고 노동조합이 힘을 잃어가던 시기, 이에 따라 민권운동과 사회 변화에 헌신했던 이들이 정치적 실망과 우울에 빠진 시기, 복음주의 기독교

뉴라이트 세력이 동성애와 임신중단을 쟁점 삼아 대규모로 결집하면서 여성혐오, 동성애혐오가 증가하던 시기, 에이즈 패닉으로 동성애혐오가 아프리카혐오와 흑인혐오로 이어져 증폭하던 시기, 아프리카, 중동, 아시아 지역에서 미국의 반동적 국제 정책이 심화되어 흑인과 아동과 노동자들이 죽어나가던 시기였다. 이런 시기에 미국에서 사회적으로 가장 취약한 집단, 그렇기에 모든 투쟁의 최전선에 선 이들은 퀴어와 흑인이었다. 로드는 전 지구적으로 연결된 인종차별과 동성애혐오, 여성과 아동과 유색인종에 대한 폭력이 퀴어 페미니즘이 투쟁해야 할 이슈라고 역설한다. 퀴어 생존과 미래 비전은 인종차별, 성차별, 동성애혐오의 전 지구적, 지역적 연결성을 인식함으로써 나온다.

이런 연결점들은 2020년대에 우리가 치르고 있는 전쟁이, 전투지는 다르지만, 1980년대 로드가 치렀던 전쟁과 똑같은 것임을 시사한다. 이 전쟁은 전쟁 지역에서 무고하게 죽어가는 민간인들과 고향에서 강제로 쫓겨나 죽어가는 이들, 전 지구적으로 점증하는 여성혐오, 노동혐오, 장애인혐오, 동성애혐오, 빈곤혐오, 디지털 성산업 및 성범죄의 전 지구적 증가, 빈곤한 남반구에서 늘어가는 성매매업소, 유럽에서 공공연히 살해되는 레즈비언들, 착취 공장에서 천천히 죽어가는 이주 노동자들에 이르는, 전 지구적인 전쟁이다. 이 전쟁은 소수자들이 서로를 혐오하며 자기보다 더 약한 이들을 짓밟도록 분열시키는 전쟁이며 지금 여기 우리의 일상에 깊숙이 침투하여 벌어지는 전쟁이다.

1984년부터 1990년까지 로드는 카리브해 지역과 유럽(특히 독일)의 흑인 여성들과 교류하며 흑인 디아스포라 여성들을 조직하는 데도 힘을 쏟았다. 이 활동은 로드의 전 지구적 관점과 실천을 구체적으로 보여준다. 9장은 독일의 흑인 여성들이 경험하는 폭력을, 그리고 그에 맞서 흑인 여성들이 로드와 함께 스스로를 조직하며 전개한 투쟁을 기록한 글이다. 이 여성들은 로드를 만남으로써 흑인 여성으로서 자신들의 경험을 언어화하고 글을 쓰며 힘을 기른다. 로드가 카리브해 지역과 독일에서 흑인 디아스포라 여성들을 조직한 활동은 미국 흑인 페미니즘의 초국가적 실천의 독보적인 예이다. 미국 흑인 페미니즘은 2010년 즈음에 교차성 이론을 통해서 초국가적으로 널리 알려졌다. 미국 흑인 페미니즘이 미국 흑인 여성의 경험을 교차성 이론으로 정교화하기 시작했던 시절에 로드는 이미 전 지구적 관점을 선취하며 흑인 페미니즘을 실천한 것이다. 1990년대에 정교화된 흑인 페미니즘의 교차성 이론이 당시 주로 미국 내부에서 비판사회 이론과 사회정의 활동을 위한 개념으로 활용되었던 것을 고려한다면, 로드는 (이미 《시스터 아웃사이더》에서 교차성 관점과 이론을 제시했고) 1980년대 내내 미국 밖의 흑인 디아스포라 여성들을 조직하면서 미국 흑인 페미니즘의 초국가적 지평을 선구적으로 확장했다. "전 지구적 페미니즘의 진정한 본질은 서로 간의 연관성을 인지하는 것이다."(132쪽) 즉 남태평양에서 핵실험으로 인해 여성들이 뼈 없는 아기를 출산하는 것, 미국의 CIA가 남아공 경찰에 넬슨 만델라를 밀고함으로써 30년 동안 더 심화된 아파르트헤이트, 미국의 인종차별적 국제 정책 때문에 고통받는 남아메리카 여성 노동자들 등은 모두 연결된 것이다. 이런 전 지구적 관점에 기반한 로드의 활동과 글은 흑인 디아스포라 여성들이 스스로를 조직하는 데 중요한 자원이었다.

　　로드의 퀴어 페미니즘의 힘은 시학詩學에서 나온다. 《시스터 아웃사이더》에서 로드 시학의 핵심이 성애라면, 이 책에서는 차이 페미니즘이다. 로드에게 글쓰기란 자신의 진정한 모습을 언어로 표현하는 과정이다. 글쓰기는 깊이 느끼는 것, 깊은 감정을 통한 자기인식, 이 인식에서 나오는 힘을 공적으로 나누는 일이다. 깊은 감정을 통한 자기인식은 차이와 관련된다. 소수자에게 온전한 자기인식은 자신이 느끼는 것을 존중하고 인식함으로써 시작된다. "나는 느낀다. 그러므로 자유롭다."(153쪽) 이 언명은 로드의 혁명적 인식론을 요약한 문구다. (백인 아버지들의 합리적 이성이 아니라 우리가 마음속 깊이 숨겨진) 느낌이 자유를 실현하는 토대라고 천명하기 때문에 혁명적이다. 우리가 느끼는 감정의 긍정과 인식, 이에 기반한 자기정의는 이런 대안적 인식론의 출발점이다. 미국에서 소수자들은 지배적 규범(백인, 남성, 중산층, 이성애자, 건강한, 대학교육을 받은, 시민권을 지닌 등)

을 벗어난 존재로 규정되기에 차이를 지닌 존재이다. 차이가 규범에서 벗어난 것으로 정의될 때 차이는 열등함의 표식이 된다. 그래서 미국의 규범 체계에서 차이를 지닌 존재들은 자기혐오와 자기부정 속에서 살아간다. 이 지배적 규범은 지배집단의 권력을 유지하기 위해 만들어진 것, 즉 신화적 규범이지만, 그 힘은 소수자들이 내면화한 자기혐오의 정도와 깊이에 정확히 비례한다. 로드에게 글쓰기는 이 신화적 규범에 맞서 자신이 지닌 차이를 온전히 긍정하고 그 차이를 (자신을 열등한 존재로 규정하는 지배적 규범에 맞서) 다르게 삶을 살아가는 창조적 힘으로 재인식하는 시공간이다. 글쓰기는 차이를 지닌 존재들에게 가해지는 사회적 폭력을 분석하는 인식론적 활동이고, 그 차이를 생존과 변화의 힘으로 되찾아오는 창조적 활동이며, 차이를 힘과 자원으로 활용하는 방법들을 공유하는 정치적 실천이다.

로드의 글은 폭력과 상처 밑에 있는 마음과 감정에 주목한다. 마음속 깊이 숨겨둔 것을 깊이 느낄 때 나로서 존재하고 진정 내가 누구인지 알게 되기 때문이다. 로드의 큰 가르침 중 하나는 이것이다. 우리를 가장 취약하게 만드는 바로 그것에서 우리의 가장 큰 힘이 나온다. 로드의 글에 힘이 있는 것은 바로 이 때문이다. 우리 안에 가장 억압된 것을 우리의 가장 큰 힘이 나오는 원천으로 되찾아오기에 강렬한 울림과 힘이 있다. "내가 글을 쓰는 주된 이유는 겁에 질려 말하지 못하고 자기 목소리를 내지 못하는 여성들을 위해서다. 그들은, 우리는, 우리 자신이 아닌 두려움에 복종하라고 교육받아왔기 때문이다. 여성들은 두려움을 갖도록 교육받았지만 우리는 스스로를 존중하고 자신의 필요를 살피는 법을 **반드시** 배워야 한다."(105쪽) 이 말은 글을 쓰는 시간이 두려움에서 스스로를 해방하고 자기 목소리를 내고 순응을 벗어나 해방적 자기존중과 자기돌봄의 시간임을 뜻한다. 글은 이런 시간을 통과한 사람들의 경험과 통찰이 전수되는 공간이다. 소수자에게 글쓰기는 자기 존재의 온전한 긍정이다. 이런 긍정이 사회적으로 공유될 때 집단적 힘 기르기로 이어진다.

이 책은 각 장의 제목을 보고 끌리는 대로 읽어도 되는 책이다. 일기, 시, 산문 등 무엇이든 글을 쓰는 독자라면 2부가 가장 흥미로울 것이다. 2부는 로드의 시학(6장, 8장, 11장, 12장)과 예술론을 담은 글들로 이루어졌다. 로드가 글을 쓰는 이유, 시 창작 과정, 글쓰기/사랑 시/고통에 관한 시의 의미, 예술의 사회적 역할 등에 관한 2부의 글들은 글쓰기와 읽기가 탈식민적 자기해방과 자유의 실천임을 깊고 아름답게 보여준다. 로드는 자신의 "삶을 쓰고" 자신의 "작품을 살아간다"(93쪽)고 천명하면서, "두렵더라도 어쨌든 해보라고. 지친 가운데서도 일하는 법을 배우듯, 우리는 두려움 속에서도 쓰는 법을 배울 수 있을 것"(119쪽)이라고 다독인다. 삶과 시가 분리될 수 없다는 로드의 입장은 11장에서 더 뚜렷하게 드러난다. "교사로서의 시인, 시인으로서의 인간, 인간으로서의 교사, 이 모든 것"(145쪽)이 시인 자신에게는 동일한 것임을 고백하면서 로드는 "함께 소통한다는 건 가르치는 일이며 마음을 움직이는 일"(145쪽)임을 알려준다. 그래서 우리가 "느끼고, 삶을 살아가고, 감정을 공유할 때"(147쪽) 우리는 가르치는 일에 참여하는 것이며, 시는 곧 삶이 된다. 13장 〈어머니의 절구〉는 로드의 독보적인 논픽션 글쓰기의 아름다움을 경험할 수 있는 글이다.

　　이 책의 1부와 3부는 로드의 퀴어 페미니즘으로 읽을 수 있다. 4장은 로드가 1980년대 초반 미국에서 일어난 대대적 퀴어 박해, 그리고 향후 1980년대 내내 격화될 섹스 전쟁의 서막에 개입한 글이다. 이 글을 게일 루빈의 《일탈》 4장과 함께 읽는다면 당대 상황에 개입한 로드의 입장과 의견을 좀 더 다차원적으로 볼 수 있다. 14장은 차이를 페미니즘의 주요 의제로 다룬 글이다. 17장은 미국에서 퀴어 이론이 본격적으로 시작된 시점으로 간주되는 해(1990)에 로드가 퀴어 출판계와 공동체에 제기한 퀴어 이슈와 비전을 담은 글이다. 로드는 퀴어 인권 향상에 공헌한 퀴어 작가로 빌화이트헤드상을 수상하면서 당대 퀴어 출판의 의미를 묻는다. 미국과 유럽의 대도시들에서 흑인 아동과 청년, 여성들이 폭력으로 죽어가는 상황에서 퀴어 출판은 무엇을 하고 있는가? 인종차별과 젠더 이슈는 퀴어 이슈다. 15장은 흑인 레즈비언 페미니스트 단체 컴바히강공동체의 역사를 담은 글이다. 로드와 함께 1974년에 이 단체를 조직한 흑인 레즈비언 페미니스트들은 1973년 전국흑인페미니스트단체

National Black Feminist Organization를 조직했으며 1970년대 후반 전국 규모의 초기 퀴어운동 단체 유색인종게이레즈비언전국연합의 조직을 주도한 이들이다. 그들은 전국흑인페미니스트단체의 이성애 중심적 편향에 맞서 컴바히강공동체를 설립하고 1977년 4월 〈흑인 페미니즘 선언문 Black Feminist Statement〉을 발표한다. 14장은 이 선언문을 발표한 후 그간의 활동을 성찰하고 향후의 비전을 함께 토론하고자 마련된 모임에서 로드가 한 발언이다. 16장은 1980년대 후반 유럽과 미국에서 극우 보수기독교 혐오 단체들이 늘어나는 상황에서, 대학을 졸업하는 이십 대 청년들과 함께 그들이 지닌 힘과 특권을 활용하는 방법을 나눈 연설문이다. 이 글에는 현재 한국사회에서 벌어지는 폭력에 어떻게 대응할 것인지에 관한 통찰이 가득 담겨 있다. 18장은 흑인 여성들이 서로를 혐오하는 것에 대해 다룬다. 이 글은《시스터 아웃사이더》에 실린 〈서로의 눈동자를 바라보며〉와 함께 읽으면서 우리가 우리 자신에 대한 혐오를 서로에게 표출하는 감정적 역동을 성찰하는 데 유용할 것이다.

아쉽게도 이 책에는 로드의 퀴어 페미니즘을 명료하게 표명한 또 다른 세 편의 글을 싣지 못했다. 박미선과 주해연은 2018년 《시스터 아웃사이더》를 번역·출간하면서 원서에는 없는 퀴어 페미니스트로서 로드의 목소리가 담긴 글 세 편을 추가하여 실었다. 1979년 제1회 게이 레즈비언 전국대회에서 한 기조연설문(〈이 무시는 언제 끝날 것인가〉), 마틴 루서 킹 연설

20주년을 기념한 행진에서 유색인종 퀴어 단체 대표로 한 연설(〈1983년 워싱턴 행진 연설〉), 그리고 〈억압의 위계란 없다〉. 이 세 편은 원래 《나는 당신의 자매입니다》 영문판에 실려 있지만, 로드의 유언에 힘입어 《시스터 아웃사이더》 한국어판에 추가했기에 이 책에는 싣지 못했다.

마지막으로, 이 책에 실린 글을 쓴 대부분의 시간 동안 로드는 유방암에 이어 간암과 싸우며 활동하고 글을 썼다. 독일에서 흑인 디아스포라 여성들을 조직할 때도 로드는 항암치료 중이었다. 카리브해에서 여성들을 조직하던 때, 그리고 10장, 16장, 17장, 18장을 쓰던 때는 생명이 얼마 남지 않은 때였다. 삶의 마지막 순간까지 흑인 여성, 청년, 퀴어, 디아스포라 여성들과 함께하며 생명의 기록을 남긴 로드에게 감사한다.

이 책의 출간과 더불어 로드의 산문은 거의 다 한국어로 읽을 수 있게 되었다. 로드의 퀴어 페미니즘을 가장 잘 담은 이 책을 기획하고 출판한 오월의봄에 감사한다. 이 책의 1부와 3부는 박미선이, 2부는 이향미가 번역했다. 함께 번역하고 책을 출간하는 일은 로드의 통찰을 함께 나누면서 서로의 경험과 통찰을 나누는 과정이기도 했다. 이 과정에 함께하며 더 좋은 원고로 만들어준 신원제, 이다연 두 선생님께 감사드린다. 모쪼록 한국에 온 이 책이 고립 속에서 두려움과 불안에 떨며 살아가는 이들에게 힘이 되기를, 우리 퀴어, 여성, 노동자, 가난한 이들, 아픈 이들이 온전한 삶을 살아가는 데, 우리가 함께 더 좋은 사회를 만들어가는 데 도움이 되길 바란다.

박미선·이향미

1부

나는 당신의 자매입니다

1

나는 당신의 자매입니다

다양한 섹슈얼리티를 가로질러
조직하는 흑인 여성들

메드거에버스대학에 올 때마다 저는 한껏 기대에 부풀어 기쁨의 전율을 느낍니다. 고향에 돌아와 가족과 대화를 나누는 느낌, 나에게 매우 중요한 이야기를 가장 중요한 사람들에게 한다는 느낌이 들기 때문이지요. 특히 여성센터에서 강연을 할 때마다 그렇습니다. 하지만 가족과 대화할 때 누구나 그렇듯, 우리 사이에 실재하는 차이를 건설적으로 논의하고 우리가 서로 똑같지 않아도 하나가 될 수 있다는 사실을 인식하기란 때로 어렵습니다. 흑인 여성들은 커다란 통에 담긴 초콜릿 우유처럼 균질화된 존재가 아닙니다. 우리는 서로 다른 수많은 얼굴을 지녔습니다. 함께 작업하기 위해 우리가 똑같은 존재가 되어야 하는 것은 아닙니다.

흑인 레즈비언 페미니스트로서 이 자리에 서서 여러분과 함께 이야기하기는 쉽지 않습니다. 나 자신이 어떤 사람인지를 드러내는 여러 방식들 가운데 어떤 것은 여러분에게 쉽게 들리지 않을 것이라는 것을 잘 알기 때문입니다. 우리가 차이를 가로질러 만나려면 언제나 서로에게 손을 뻗어야 합니다. 여러분이 흑인 레즈비언 페미니스트인 나의 이야기를 들을 수 있을 때, 우리는 흑인 여성으로서 우리의 힘을 진정으로 나눌 수 있습니다.

우리가 서로의 생존을 더 잘 도모하려면, 서로의 자원을 낭비하지 말아야 하고 여성 자매 한 사람 한 사람을 그의 방식대로 인정해야 합니다. 이것이야말로 우리에게 절실한 것입니다. 그러하기에 이 자리에서 나는 이성애중심주의와 동성애혐오에 대해서 말하려고 합니다. 이성애중심주의와 동성애혐오는 흑인 여성들의 조직을 막는 두 개의 거대한 방해물입니다. 우리가 공통의 언어를 사용할 수 있도록 이 용어들을 먼저 정의하겠습니다.

이성애중심주의—특정 사랑의 방식이 다른 모든 방식보다 본래 우월하기에 지배할 권리를 가진다는 믿음.

동성애혐오—동성 집단에 속한 사람을 사랑하는 감정에 대한 공포로 인해 다른 사람들이 이러한 감정을 가지는 것에 대한 혐오.

1960년대에 인종차별주의자로 보이고 싶지 않았던 자유주의적 입장의 백인들은 다시키*를 입고 흑인들의 춤을 추며 흑인들의 음식을 먹고 심지어 흑인과 결혼도 했습니다. 그렇지만 그들은 흑인처럼 느끼거나 생각하고 싶어 하지는 않았습니다. 그들은 자신들의 매일의 삶의 결에 아무런 의문을 품지 않았습니다. (예를 들어 왜 '살색' 반창고는 늘 연분홍색인가?) 대신 그들은 의아해했습니다. "왜 저 흑인 친구들은 아무것도 아닌 사소한 것에 그토록 쉽게 항상 성을 내는 것일까. 나랑 친한 친구들 중

✿　아프리카 서부의 남성이 입는 화려한 옷.—옮긴이

에 흑인도 있는데……"

여러분의 절친한 친구들 중 누군가가 레즈비언이어야 할 필요는 없습니다. 그들 중 누군가는 아마 확실히 레즈비언이겠지만요. 하지만 여러분이 잘못된 판단으로 나를 억압하는 것은 멈추어야 합니다. 여러분이 나의 정체성을 무시하지 않기를 바랍니다. 서로 힘을 나누려는 우리 사이에 나의 정체성을 극복 불가능한 방해물로 여기지 않기를 바랍니다.

나는 흑인 페미니스트입니다, 라고 말할 때 이 말은 내가 경험하는 일차적인 억압들뿐만 아니라 내가 지닌 힘도 내가 흑인이자 여성이라는 사실에서 나온다는 뜻입니다. 나는 이 두 개의 전선에서 매일 싸우고 있으며 이 투쟁은 분리 불가능합니다.

나는 흑인 레즈비언입니다, 라고 말할 때 이 말은 내가 일차적으로 여성들에게 정서적, 신체적으로 사랑을 느끼는 여성임을 뜻합니다. 그렇다고 남성들을 싫어한다는 뜻은 아닙니다. 전혀 아니지요. 내가 이제껏 들어온 흑인 남성들에 대한 가장 가혹한 공격은 그들에게 친밀하게 결속되어서 굴종적으로 침묵하는 위치에서 스스로를 해방시키지 못한 여성들에게서 나온 것입니다. 나는 이성애자 자매들 일부가 자신들이 애정을 갖는 남성들에 대해서 말하는 방식대로 그들에 대해 주제넘게 말하지 않겠습니다. 물론 나는 그 여성들이 말한 내용에 대해 우려합니다. 그들의 말은 이성애 중심적 흑인 공동체에서 서로를 이해하지 못하는 상황을 반영하고 있으며 그것이 흑인 레즈비언들의 존재보다 공동체에 더 위협적이라고 생각하기 때문입니다.

이런 것들이 흑인 여성을 조직하는 일과 무슨 상관이 있을까요?

나는 흑인 레즈비언은 비정상이라는 말을—대체로 내 등 뒤에서—들어왔습니다. 우리 모두가 덫에 빠져 있는 이 뒤틀린 사회에서 정상적인 것은 대체 무엇일까요? 나는 기억합니다. 여러분도 기억할 겁니다. 흑인이 정상적이지 않은 존재로 간주되었던 시절을, 그들이 우리에 대해 속닥거리고, 우리를 마음대로 덧칠하고, 린치하고, 탈색하고, 무시하면서 우리가 존재하지 않는 사람들인 것처럼 대하던 때를요. 우리는 이런 것을 인종차별이라고 불렀습니다.

흑인 레즈비언들이 흑인 가족을 위협한다고들 말합니다. 그러나 지금도 흑인 여성들이 낳은 아이들 중 50퍼센트가 혼외관계에서 태어나며, 전체 흑인 가정의 30퍼센트를 남편 없이 여성 혼자서 꾸려갑니다. 우리는 **가족**의 의미를 확장하고 재정의해야 합니다.

나는 흑인 레즈비언의 존재는 곧 흑인 인종의 죽음이라는 말도 들어왔습니다. 그러나 흑인 레즈비언들은 다른 흑인 여성들이 아이를 낳는 것과 똑같은 방식으로 아이를 낳으며, 레즈비언 가족은 다른 종류의 가족일 뿐입니다. 내 아들과 딸에게 물어보십시오.

혹인 레즈비언에 대한 공격은 우리가 모든 차이를 두려워하도록, 차이를 없애거나 무시하도록 가르침을 받았던 바로 그 내면 깊은 곳에 자리를 잡고 있습니다. 분명히 말하건대, 여성을 사랑하는 것은 전염병이 아닙니다. 여성을 사랑하게 되는 것은 감기 걸리듯 걸리는 질병이 아닙니다. 그럼에도 불구하고 가장 목소리 큰 이성애자 혹인 여성조차도 완전히 침묵하게 하거나 무력하게 만들 수 있는 비난이 있는데, 그건 그녀가 혹인 레즈비언일지도 모른다는 암시를 받는 것입니다.

다른 사람이 우리가 러시아인이라고 말한다고 해도 당사자인 우리가 그렇지 않다는 것을 알고 있다면, 우리는 어이없어 아무말도 못하는 상태까지 가진 않습니다. 심지어 누군가가 우리를 이중결혼을 한 사람이라거나 아동학대자라고 비난하더라도 우리 자신이 그런 사람이 아니라는 것을 알고 있다면, 우리는 무너지지 않습니다. 우리는 그저 그게 사실이 아니라고 말하고 우리의 할 일을 계속 해나갑니다. 하지만 누구라도, 특히 혹인 남성이 이성애자 혹인 여성을 혹인 **레즈비언**이라고 비난한다면 그 즉시 그 자매는 아무것도 할 수 없는 무력한 존재가 됩니다. 그 자매는 마치 이 비난이 자신에게 들이닥친 가장 끔찍한 일인 것처럼 여기고 모든 대가를 치러서라도 그 비난이 거짓이라는 것을 증명하려 합니다. 이것이 바로 동성애혐오입니다. 동성애혐오는 여성들의 에너지를 낭비하고, 우리를 침묵하게 하고 유순하게 하고 동조하게 하는 무기를 적들의 손에 쥐여줍니다. 동성애혐오는 우리를 고립시켜 서로 떨어지게 만드는 데도 일조합니다.

나는 흑인 레즈비언들은 정치적이지 않으며 흑인들의 투쟁에 동참한 적도 없고 지금도 그렇다는 말을 들었습니다. 그렇지만 1960년대에 뉴욕시립대학교의 '시크프로그램'*에서 흑인 청년과 푸에르토리코 청년을 가르쳤을 때, 나는 흑인 레즈비언이었습니다. 1970년에 존제이칼리지에서 흑인학과를 만들려고 투쟁했을 때, 나는 흑인 레즈비언이었습니다. 그때는 15년 전이라 나는 더 젊었고 스스로를 지금만큼 확신하진 못했습니다. 중요한 순간에 나는 흑인 남성을 위해 뒤로 물러서라는 압력을 받았고, 그를 내세우는 게 치명적인 실수라는 것을 알면서도 그 압력에 굴복했습니다. 나는 뒤로 물러섰고, 실제로 그는 잘못된 선택이었습니다. 그때 나는 흑인 레즈비언이었습니다.

언젠가 7월 4일 독립기념일 불꽃축제 후에 나의 여자친구들과 차에 흰색 페인트 스프레이통과 잠든 내 아이들을 싣고 나가 한 사람은 시동을 켜둔 차에서 아이들을 돌보고 다른 두 사람은 뉴저지의 교외로 내려가 흑인 기수 동상들과 그들이 입

---

* SEEK program, 1965년에 시작된 소수인종 교육 프로그램. 교육, 향상, 지식 추구Search for Education, Elevation, and Knowledge의 약자다. 이 프로그램은 소수인종의 대학교 입학 제한 등 고등교육에서도 극심했던 인종차별을 완화하려는 조치로 시행되었다.—옮긴이

1부 | 나는 당신의 자매입니다

은 작은 빨간색 재킷에 흰색 페인트를 뿌렸을 때, 우리는 흑인 레즈비언들이었습니다.

1968년, 투갈루대학교의 흑인 학생들과 함께 잭슨시를 향해 미시시피강 삼각주를 달리며 시내로 돌아가는 길에서 레드넥** 백인 청년들을 가득 채운 차가 내내 우리를 위협했을 때 나는 흑인 레즈비언이었습니다.

1963년 8월 딸 아이가 젖을 떼자마자 워싱턴으로 가서, 당시 워싱턴 시위***에서 대부분의 흑인 여성들이 하던 것처럼 리나 혼****과 함께 커피 텐트에서 시위대를 위해 커피를 탔을 때, 나는 흑인 레즈비언이었습니다.

내가 미시시피주의 한 작은 흑인 대학인 투갈루대학교에서 시 창작 워크숍을 이끌고 있을 때, 매일 밤 백인들이 캠퍼스 울타리에서 총질을 하며 소란을 일으켰습니다. 그 혼란의 와중에도 젊은 흑인 시인들은 글을 쓰며 자신들의 목소리와 힘을 함께 발견하며 성장해나갔고, 그 과정을 지켜보는 기쁨을 느꼈던 그때, 나는 흑인 레즈비언이었습니다. 그리고 나와 함께했

** 미국 남부 시골 지역의 백인 노동자들을 가리킨다. 들판 노동으로 햇볕에 피부가 (특히 뒷목이) 타서 레드넥redneck이라 불렸다.—옮긴이

*** 1963년 8월 28일에 있었던 이 행진의 공식 명칭은 '일자리와 자유를 요구하는 행진'이며 흑인의 정치적, 경제적 권리 향상을 요구했다. 마틴 루서 킹 목사의 역사적인 연설 〈나에게는 꿈이 있습니다I Have a Dream〉는 이 행진의 최종 집결지인 링컨 기념관 앞에서 이루어졌다.—옮긴이

**** Lena Horne, 흑인 민권운동가로도 활동한 흑인 여성 가수이자 배우.—옮긴이

던 그 워크숍에서 인식의 확장과 성장을 이룬 강력한 흑인 시인들이 오늘날 존재합니다.

1969년 뉴욕시립대 캠퍼스를 점령한 학생들이 흑인에게도 입학 자격을 줄 것과 교육의 권리를 요구하며 시위를 벌이는 현장에서 욜리*와 함께 시위대에게 커리 치킨, 삶은 콩과 쌀밥을 요리하여 먹이고 이불과 베개를 가져다주었을 때 나는 흑인 레즈비언이었습니다. 같은 해, 욜리와 함께 한밤중에 리먼칼리지의 건물 복도를 걸으며 시위에 참여 중인 급진적 흑인 여성들에게 생리대를 건네면서 그들에게 이 혁명에서 그들이 있어야 할 자리는 흑인 남성들의 열 걸음 뒤가 아니라고, 흑인 형제들이 무어라고 꼬드기든 카페테리아에서 흑인 남성들에게 다리를 벌려주는 짓은 전혀 혁명적인 행동이 아니라고 설득하고 다녔을 때 나는 흑인 레즈비언이었습니다. 내가 정부의 복지수당을 받는 어머니들의 권리를 위해서 피켓을 들고 시위에 참여했을 때, 젊은 흑인 여성들에 대한 강제적 불임시술을 반대하는 시위에 참여했을 때, 뉴욕시의 학교들에서 벌어지는 제도화된 일상적 인종차별에 맞서 투쟁했을 때, 나는 흑인 레즈비언이었습니다.

하지만 우리는 우리가 레즈비언이라는 사실을 밝히지 않았고, 그래서 여러분은 이 사실들을 모릅니다. 그래서 여러분

✱   욜란다 리오스Yolanda Rios, 로드의 친구. 당시 뉴욕시립대 학생이었다.—옮긴이

은 오늘날 흑인 레즈비언과 게이 남성이 흑인 민족의 투쟁에서 아무런 일도 하지 않았다고 말하는 겁니다.

그리고 이것은 나만의 일이 아닙니다.

랭스턴 휴스Langston Hughes의 글을 읽을 때, 여러분은 흑인 게이 남성의 글을 읽는 겁니다. 할렘 르네상스**의 시인들인 앨리스 던바Alice Dunbar와 앤절리나 웰드 그림케Angelina Weld Grimké의 글을 읽을 때, 여러분은 흑인 레즈비언들의 글을 읽는 겁니다. 베시 스미스Bessie Smith와 마 레이니Ma Rainey의 삶을 긍정하는 노래를 들을 때, 여러분은 레즈비언 흑인 여성들의 목소리를 듣는 겁니다. 로레인 핸스베리Lorraine Hansberry의 연극을 보고 글을 읽을 때, 여러분은 여성들을 깊이 사랑했던 여성의 작품을 만나는 겁니다.

오늘날 레즈비언과 게이 남성은 아파르트헤이트에저항하는예술Art Against Apartheid에 가장 적극적으로 참여하고 있습니다. 이 단체는 남아프리카공화국에서 벌어지는 비극에 대항해서 싸우는 것이 우리의 문화적 책임임을 즉각적 행동으로 보여주는 단체입니다. 우리에게는 모든곳에서벌어지는인종차별에맞서싸우는흑인레즈비언게이다이크전국연합National Coalition of Black Lesbians and Gays, Dykes Against Racism Everywhere, 모든유색인종남성연합Men of All Colors Together과 같은 단체들이 있습니다. 이들은 모두 인종차별에 맞서 투쟁하는 활동에 헌신하는 단체입니다.

** 1920년대 뉴욕을 중심으로 일어난 흑인 문예 부흥을 가리킨다.—옮긴이

동성애혐오와 이성애중심주의로 인해 여러분은 자신이 레즈비언이라 불리게 될까봐 두려워합니다. 그건 여러분이 자신에게서 흑인 레즈비언 여성들의 자매애와 힘을 빼앗아도 된다고 허락하는 꼴입니다. 그렇지만 흑인 여성인 우리는 너무나 많은 관심사를 공유하며 그래서 우리가 함께해야 할 일은 너무나 많습니다. 흑인 아이들을 말살하고 흑인 청년들의 정신을 도둑질하는 긴급한 상황은 공동의 문제입니다. 우리가 사는 도시의 거리에서 흑인 아이들이 총에 맞아 죽거나 마약에 중독되고 있는 현실은 우리 모두의 최우선 과제입니다. 거리에서, 흑인 공동체의 거실에서 흑인 여성들이 끔찍할 정도로 자주 피를 흘리고 있다는 사실은 흑인 레즈비언들이 만들어낸 루머가 아닙니다. 흑인 여성에 대한 폭력은 슬픈 통계적 사실입니다. 흑인 공동체에서 흑인 여성과 남성 사이에 차이를 둘러싼 소통이 위험할 정도로 부족하고 그 위험이 증대되고 있다는 사실은 흑인 레즈비언들이 만들어낸 음모가 아닙니다. 이는 우리의 아이들이 점점 더 서로를 돌보지 않고 있음을 목도할 때 분명하게 드러나는 현실입니다. 어린 흑인 소년들이 6학년 소녀의 다리 사이에서 자신의 남성다움을 증명할 수 있다고 믿으며 자라고, 자신들의 정당한 분노가 향해야 할 곳이 우리 모두를 먼지가 되도록 갈아버리는 인종차별적 구조가 아니라 흑인 여성과 소녀라고 믿으며 자라고 있습니다. 이것은 흑인 레즈비언들이 만들어낸 거짓말이 아닙니다. 오늘날 흑인 공동체에서 일어나는 이런 문제야말로 우리가 마주한 슬픈 현실이며, 우리 모두가 당장 걱정하는 현실입니다. 함께 치러야 할 전투에서 우리는 서로의 에너지를 낭비할 여유가 없습니다.

동성애혐오는 무엇을 의미할까요? 중책을 맡은 흑인 여성들이 안전하지 않다는 이유로 나이로비에서 열리는 '여성의 지위에 관한 대회'에 참석하지 말라는 말을 듣습니다. 그들이 레즈비언이라는 이유에서요. 이것이 동성애혐오입니다. 이는 여러분이 정치적 행동을 취할 때, 베티 파월^{Betty Powell}, 바버라 스미스,* 궨덜린 로저스^{Gwendolyn Rogers}, 레이미나 메이즈^{Raymina Mays}, 로빈 크리스천^{Robin Christian}, 이본 플라워즈^{Yvonne Flowers}와 같은 정치적 여성들의 생명력 넘치는 에너지와 통찰을 스스로에게서 빼앗는다는 뜻입니다. 이는 뻔한 분리 통치 방식의 또 다른 예입니다.

어떻게 해야 우리는 우리의 차이를 부인하거나 침소봉대하지 않으면서 그것을 조직할 수 있을까요?

그 첫 단계는 여러분 각자의 자리에서 의식적으로 노력하는 것입니다. 다음 몇 가지 사실을 기억하려고 노력합시다. 흑인 레즈비언들은 비정치적인 존재가 아닙니다. 우리는 이 나라에서 자유를 쟁취하기 위해 벌어진 모든 투쟁에 참여했습니다. 흑인 레즈비언들은 흑인 가족을 위협하는 존재가 아닙니다. 우

---

* Barbara Smith, 흑인 페미니스트 비평가. 오드리 로드도 함께 활동했던 흑인 레즈비언 페미니스트 단체 컴바히강공동체의 창립자이기도 하다.—옮긴이

리 중 많은 이들이 가정을 이루어 살아갑니다. 우리는 백인이 아닙니다. 우리는 흑인 공동체의 질병도 아닙니다. 우리는 여성을 사랑하는 여성입니다. 우리는 노스트랜드애비뉴에서 여러분의 딸들을 희롱하는 사람들이 아닙니다. 우리가 당신에게 옷이 잘 어울린다고 칭찬할 때 그 말은 여러분에게 덤벼들겠다는 뜻이 아닙니다. 우리가 섹스만 생각한다는 뜻도 아닙니다. 여러분이 섹스만 생각하는 존재가 아닌 것처럼요.

심지어 여러분이 흑인 레즈비언에 대한 이런 고정관념을 정말 **믿는다**고 하더라도, 그런 고정관념을 믿지 않는 것처럼 **행동하는** 연습을 하십시오. 인종차별적 고정관념이 그것을 믿는 백인들의 문제이듯, 동성애혐오적 고정관념은 그 고정관념을 믿는 이성애자들의 문제입니다. 달리 말해서 이런 고정관념은 나의 문제가 아니라 여러분이 풀어야 할 문제이며, 우리가 함께하는 것을 막는 끔찍하고 소모적인 방해물입니다. 나는 여러분의 적이 아닙니다. 우리는 흑인 여성으로 살아남기 위해 특수한 전투를 치르고 있습니다. 이들 전투에서 각자가 배운 것들을 공유하기 위해 우리가 서로의 독특한 경험과 통찰이 될 필요는 없습니다…….

1960년대에 매우 인기를 끌었던 포스터가 있습니다. **그는 흑인이 아닙니다, 그는 나의 형제입니다!** 이 포스터를 보고 나는 매우 화가 났습니다. 이 문장에서 흑인과 형제는 상호 배타적으로 규정됩니다. **그는** 형제이자 흑인 둘 다가 될 수 없습니다. 나는 내 존재를 허락받고 싶지도, 잘못 명명되고 싶지도 않습니다. 나는 인정받기를 원합니다.

나는 흑인 레즈비언입니다, 그리고 나는 당신의 자매**입니다**.

2

아파르트헤이트 미국[*]

---

[*] 이 글에서 로드는 미국의 인종차별을 남아공의 극심한 인종차별 정책인 아파르트헤이트와 연결하여 논의한다. 이러한 제목은 흑인에 대한 폭력과 인종차별이 국가 경계를 넘어 서로 연결되어 있음을 보여준다.―옮긴이

1985년 뉴욕시. 올해 여름, 균열이 늘고 있다는 신호가 가득 울려퍼진다. 절박함과 두려움이 내 마음을 압도한다. 나에게 가장 가까운 사람들과 제도들을 파괴하는, 겉보기에는 무작위적인 것처럼 보이는 폭력적 공격의 파도가 곧 일어날 것 같은 두려움. 이런 폭력들 사이의 연결점을 공론화해야 한다는 절박함. 이 연결점은 남아프리카공화국의 템비사에서 있었던 장례 행진에 최루탄을 퍼부은 사건, 미국 캘리포니아주의 번창하던 흑인 지역 볼드윈힐즈가 방화로 완전히 붕괴되어 숯더미만 남은 상황을 보도하는 신문 기사 밑에 보이지 않게 잠재해 있다.

며칠이고 타자기 앞에 앉아 글을 쓰려고 하지만 아무것도 쓰지 못했다. 이런 폭력이 일어나고 있다고 강조하면서 사건들 하나하나를 들여다보는 것이 그러한 폭력에 견딜 수 없는 권력을 쥐여주는 일 같다. 그러나 진실은 그 반대이다. 우리가 처한 현실을 자세히 살펴보는 일이 아무리 어렵다 해도 현실을 변화시키는 힘은 바로 거기에 있다. 그리고 진실은 억누르면 억누를수록 더 큰 힘을 가지게 된다.

이렇게 쓰는 동안 텔레비전에서 남아프리카공화국의 '비상사태'에 관한 유엔특별회의를 보도한다. 그들이 '흑인 인권 중지'라고 완곡하게 표현하는 것은 그 나라 곳곳의 흑인 거주 지역에서 점증하는 자생적 분출을 억누르려는 [남아공의 수도] 프리토리아 체제의 대응 방식이다. 남아공은 투표권을 지닌 2200만 명의 흑인을 정치적 절차에서 배제하는 새로운 헌법을 제정했고, 이후 지난 11개월 동안 아파르트헤이트에 맞선 저항이 폭발적으로 증가했다. 아프리카민족회의^{African National Congress}의 수장인 올리버 탐보^{Oliver Tambo}는 아파르트헤이트하의 남아공을 "통치 불가능"한 상태로 만들자고 호소했다. 남아공 경찰과 군대는 이처럼 분출 중인 저항을 잔혹하게 진압했지만 탐보의 바람은 성취되기 시작했다.

남아공에서 너무 많은 흑인이 피를 흘렸고 앞으로도 더 많은 이들이 쓰러져갈 것이다. 그러나 사람들이 흘린 피는 진실을 드러내는 법이다. 지금 그 피가 진실을 말하고 있다. 마침내 시작된 것인가? 우리가 기도하고, 노력하고, 믿었던 일은 언젠가, 반드시 일어난다. 단지 남아공에서 무슨 일이 일어나는지 알려고 하거나 아는 사람이 여기 미국에 거의 없기에 그 일이 언제 일어날지 모를 뿐이다. 미국과 남아공 사이의 연결점은 아직 드러나지 않았으나 전 세계 유색인종 사람들을 억압하는 세력이 점점 더 강력한 연합을 구축하는 가운데 아프리카계 미국인인 우리가 그에 맞서 우리의 힘을 분명히 표출한다면 그 연결점 역시 드러낼 수 있을 것이다. 제도화된 인종차별은 이윤만을 추구하는 경제가 쪼그라드는 상황에서 점점 더 공격적으로 힘을 키우고 있다.

남아공 흑인들이 세계 무대의 중심을 장악하는 날을 보게 될 날이 오리라고 누가 생각했겠는가? 남아공의 흑인 작가

엘런 커즈웨요[Ellen Kuzwayo]였다면 이렇게 말했을 것이다. 바로 지금 우리가 서 있는 곳이 세계의 역사라고……. 2차 세계대전 발발 직전 1939년 가을에 유럽도 같은 것을 느꼈을 것이다. 나는 1941년 12월 7일 일요일을 기억한다. 여섯 살 나의 작은 지평에 위협적인 무언가가 드리웠고 결국 그것이 전면에 현실화되면서 퍼진 냉기가 생생하게 기억난다. 1945년 8월 6일. 히로시마. 아버지의 눈물. 그때까지 나는 아버지가 우는 것을 본 적이 없었고, 그날 아버지가 눈물을 흘릴 때 처음에는 눈물이 아니라 땀인 줄 알았다. 그로부터 7년 뒤 돌아가시지만 당시엔 활력이 넘치던 마흔여섯 살의 흑인이 흘렸던 눈물. 그날 아버지는 "이제 인류가 스스로를 파괴하는구나" 하시며 울었다. 지금 남아공 상황도 이렇게 느껴진다. 단지 이번에는 우리가 이기는 편에 있을 뿐. 남아공은 해방될 것이다. 내가 글을 쓰기를 기다리는 타자기의 달각거리는 소리를 들으며, 유엔에 파견된 미국 대표자가 영국 대표자와 함께 "우리"가 남아공의 흑인들을 위해 이런저런 일을 했다며 헛소리를 해대는 유엔 보도의 낭랑한 목소리를 들으며 나는 이렇게 생각했다.

남아공. 흑인들은 남아공 전체 인구의 87퍼센트이지만 그들이 차지하는 땅은 13퍼센트이다. 전체 인구의 13퍼센트일 뿐인 백인들이 이 나라 토지의 85퍼센트를 소유하고 있다. 남아공의 백인들은 미국을 포함한 세계 어느 나라보다 가장 높은 생활수준을 누리는 반면, 남아공에서 태어난 흑인 아동의 절반은 다섯 살이 되기도 전에 사망한다. 남아공에선 30분마다 여섯 명의 흑인 아동이 굶어 죽어간다. 미국인 백인 기자가 아파르트헤이트에 대해 몇 가지 질문을 하자 남아공의 백인 기자는 이렇게 대꾸한다. "미국의 백인들은 원주민 문제를 해결해왔지요. 지금 우리는 우리 문제를 해결하고 있습니다. 그들을 인디언이라고 부른다지요? 그렇지 않나요?" 남아공의 최종 해결책이라 할 수 있는 아파르트헤이트는 유럽에서 살던 유대인들을 대량 학살할 계획을 세운 나치 독일의 패턴을 따라갔다.

매년 5억 달러 이상이 백인 중심적인 남아공의 죽음 기계로 흘러들어간다. 앉아서 이런 뉴스를 읽고 있는 우리는 이 금액 가운데 얼마만큼을 통제하는가? 우리는 어디에 예금을 하는가? 어디서 연료를 사는가? 남아공에서 사업을 벌이는 회사들에게 우리는 어떤 압력을 가할 수 있는가? 1년에 5억 달러. 투자 철회. 미국의 남아공 금융 지원 철회. 투자 철회가 도리어 남아공 흑인들에게 더 큰 고통을 안길 뿐이라고 반박하는 사람들은 냉소적이거나 상황을 잘못 이해하고 있거나 남아공 흑인들이 매일 얼마큼의 고통을 경험하는지 알지 못하는 것이다. 남아공에서는 투자 철회를 운운하는 것조차 국가 반역 행위로 간주된다.

우리가 내는 세금의 지원을 받는 회사들 가운데 어떤 회사가 남아공에서 사업을 벌이는지 알기는 하는가? 이런 정보는 《뉴욕타임스》나 《샌프란시스코크로니클》, 《GQ》에선 찾아

볼 수 없다. 이런 정보는 아프리카민족회의의 주간 뉴스 브리핑(구독료 1년에 15달러. 주소지는 다음과 같다. 801 Second Avenue, New York, NY 1007)이나 ACOA*(American Committee on Africa. 주소지는 다음과 같다. 198 Broadway, New York, NY10038)를 통해서나 얻을 수 있다.

우리는 살아남기 위해 수많은 전투를 치르는 흑인 레즈비언, 게이이다. 또한 우리는 세계에서 가장 강력한 나라이자 지구에서 일어나는 모든 해방 투쟁의 잘못된 편에 서는 나라의 시민들이다. 해마다 권력을 사들이는 데 쓰이는 돈 중 2000억 달러가 아프리카계 미국인들의 수중에서 나온다. 아프리카계 미국인으로서 우리는 법질서라는 명목하에 요하네스버그의 세보켕과 소웨토 지역의 거리에서 흑인 아동과 청년들이 계속해서 살육당하는 일과 백인 중심의 미국이 뉴욕시 지하철에서 네 명의 흑인 청년에게 잔인하게 총을 겨누며 웃음짓는 백인 자경단에게 대놓고 환호를 보냈던 사건이 직접적으로 연결되어 있다는 것을 확실히 드러내기 위해 우리가 지닌 권력을 쓰는 법을 배워야 한다. 그리고 뉴욕 브루클린에서 코카콜라 한 캔을 두고 언쟁을 벌이다가 세 명의 흑인 아동을 죽인 중동 출신 상점 주인의 가게를 백인 경찰관들이 지켜주었던 사건과 연

---

* 아프리카의 탈식민 투쟁과 남아공 흑인 해방투쟁을 지원하는 미국의 사회단체. 1953년에 설립되었으며 마틴 루서 킹을 포함한 수많은 미국 흑인 지도자가 이 단체에서도 활동했다.—옮긴이

결되어 있다는 것도. 여러 기업의 재정적 연결성은 주지의 사실이다. 우리 각자는 정서적 연결성을 피할 수 없다. 우리는 국제적으로 연결된 유색인종 공동체의 구성원이며 바로 이런 면에서 우리의 투쟁은 서로 연결되어 있다고 보아야 한다.

미국 달러의 묵인과 건설적 개입이라는 정책에 힘입어 매일 점점 더 오만방자해지는 남아공 경찰은 여섯 살 아동들을 투옥하고 살해하며, 겨우 열두 살에 불과한 요하네스를 집 앞에서 때려죽이고, 할머니 집에 있던 아홉 살 조이스가 피 흘리며 죽게 내버려둔다. 수십 년 동안 벌어진 이런 폭력이 점점 더 극에 달하면서 마침내 전 세계가 이를 알게 되었다.

로스앤젤레스의 덤불에 화염병을 던져 부유한 흑인 거주지역인 볼드윈힐즈를 잿더미로 만든 대화재—쉰세 채의 집이 소실되고 세 명이 죽었다—에서부터 정부가 인가한 분리와 폭력 사태에 이르기까지, 이것이 바로 **우리에게** 일어나는 일이라는 것을, 단지 장소와 발생 시간, 강도가 다를 뿐 동일한 일이라는 것을 우리 흑인 민족이 명확히 인식하기까지 얼마나 더 많은 시간이 흘러야 하는가. 미국 캘리포니아에서 흑인혐오 단체들인 아리안브라더후드Aryan Brotherhood, 포세코미타투스Posse Comitatus를 포함해 인종차별적 백인 집단들과 반유대주의 생존주의 집단들이 인종차별에 공감하는 형법 집행기관의 은근한 지원을 양분 삼아 걷잡을 수 없이 맹렬한 속도로 유독하게 자라고 있다.

예순여섯 살 흑인 할머니 엘리너 범퍼스는 자신이 살던 브롱크스 공공주택 단지에서 쫓겨나면서 뉴욕시 주택관리 경찰이 쏜 두 발의 총에 치명상을 입었다.

열쇠가 없어 디트로이트에 있는 자신의 아파트에 들어가지 못하고 있던 예순네 살의 리처드슨을 본 이웃 주민은 도움을 주고자 경찰을 불렀으나, 리처드슨은 바로 그 여성 경찰관이 쏜 총에 맞아 아파트 복도에서 죽었다.

이 일은 뉴욕 퀸즈에서 남성 경찰관이 어느 토요일 아침 열 살 난 흑인 소년 클리퍼드 글로버를 아버지가 보는 앞에서 총을 겨누어 죽인 지 10년 후에 일어난 일이다. 또 열다섯 살 랜디 에번스가 집 앞 현관 계단에 앉아서 친구들과 이야기를 나누고 있을 때 백인 경찰이 다가와서 그의 뇌를 총탄으로 날려버렸던 추수감사절 사건이 있은 지 8년 후에 일어난 일이기도 하다. 배심원들은 일시적 정신이상이라며 그 경찰관에게 무죄를 선고했다.

이 이후에도 시애틀, 뉴올리언스, 댈러스 등에서 수없이 많은 폭력이 일어났다. 젊은 흑인 여성 이본 스몰우드는 맨해튼에서 남편이 받은 교통위반 딱지를 두고 경찰과 언쟁하다가 경찰에게 맞아 죽었다. 죽어간 우리 흑인들, 우리의 꿈들, 이런 죽음은 점점 더 흔해지고 있다.

우리 흑인들을 궁극적으로 파괴하는 일에 골몰하는 이 체제는 어떻게 수용 불가능한 일들을 점차 견딜 수 있는 일로 둔갑시키는가? 꼼꼼하게 관찰하고, 주위를 둘러보고, 흑인 언론을 읽자. 이 나라가 전체 인구의 약 12퍼센트에 해당하는 사람들에게서 그들이 당연히 누려야 할 가장 기초적인 자유를 빼앗는데, 사람들은 어떻게 이를 당연하듯 받아들이는가? 우리는 미국 흑인들이 그 출발점일 뿐임을 알고 있다. 우리 공동체 내부에서 흑인 레즈비언과 게이들을 혐오하는 움직임이 그 출발점일 뿐인 것과 마찬가지로 말이다.

내 기억으로 아파르트헤이트는 1947년엔 남아공의 국가 정책이 아니었다. 당시 아파르트헤이트는 아프리카너 브로더본트*의 극단적 꿈이었다. 당시 남아공 흑인들은 삶의 조건이 비록 나쁘긴 했어도 제도적인 대량 학살 정책의 지배를 받지는 않았다. 흑인들은 땅을 소유했고 학교에도 다녔다.

1948년 백인우월주의 주창자인 말릭이 대통령에 당선되어 아파르트헤이트를 시행하면서 흑인에 대한 단계적 공격이 가속화되었고 흑인 민족에게 주어졌던 인권도 폐지되었다. 오늘날에는 이런 인종차별 폭력에 저항하는 남아공 백인들도 투옥되고 잔인한 수모를 당하며 쓰러지고 있다. 한때 자유주의자였던 영어를 사용하는 백인들은 속아넘어가듯 흑인 인권 폐지를 받아들였고, 모든 백인 특권층의 생존을 보장하는 국가 장치가 그 장치의 창시자이자 훗날 남아공 총리가 되는 H. 페

---

* Afrikaner Broederbond, 남아공 백인 아프리카인 민족주의 비밀 결사. 아프리카너는 남아프리카로 이주해간 네덜란드인들의 후손으로 남아공에서 태어나고 자란 사람들을 뜻한다.—옮긴이

르부르트^{H. Verwoerd}에 의해 확고히 자리잡을 때까지 침묵을 유지

했다.

황금의 도시 요하네스버그는 지금 말 그대로 황금과 흑인
들의 피로 이루어진 산에 세워져 있다.

샤퍼빌에서의 사건이 소웨토에서 안 일어나겠는가? 젊은
흑인 예술가 마이클 스튜어트가 뉴욕시 교통경찰에게 맞아 죽
은 것처럼 버나드 괴츠도 그렇게 죽지 말란 법이 있겠는가? 뉴
욕의 에잇플러스 사건이 필라델피아에서 일어나지 말란 법이
있는가? 필라델피아에서 흑인 시장이 백인 경찰서장에게 한
집에 있는 흑인들을 폭격하라고 허가함으로써 열한 명의 사람
을 죽였고 흑인 동네 한 곳 전체를 태워버렸다. 소방관들은 화
재 진압을 거부했다. 사망자들 중 다섯 명이 아동이었다. 화재
에 휩싸인 지역의 주민들이 불길을 피하려 하자 경찰은 이들
이 화염 속에서 확실히 죽을 때까지 집 밖으로 나오지 못하도
록 총을 겨누고 있었다. 경찰은 이들이 더러운 흑인이고, 역겨
운 흑인이고, 오만한 흑인이고, 가난한 흑인이고, 흑인이고, 흑
인이고, 흑인이라는 이유로 죽였다. 총격을 허락했던 시장은
자신에게 전적인 책임이 있다고 말한다. 그도 흑인이다. 우리
는 어떤 설득을 당했기에 침묵을 지킴으로써 스스로를 파괴하
는 행위에 참여하게 되었는가? 중동에서 끈질긴 협상 끝에 인
질들이 석방되고 백인 생존주의자 집단 야영지 바깥에서 경찰
력과의 무장 대치가 종료되는 시점에 미국의 한 도시의 시장은

다섯 명의 아이들이 있는 흑인의 집에 방화 물질을 투하하도록 지시를 내리고 경찰은 그 집 안에 있던 흑인들이 불길에 휩싸여 죽을 때까지 집 밖으로 나오지 못하도록 총을 겨눈다. 미국의 대중은 대체 어떻게 설득되었기에 이 사실을 당연한 것으로 받아들이는가? 그렇다, 아프리카계 미국인들은 여전히 통행증 없이 미국의 거리를 걸을 수 있다. 당분간은 말이다.

1984년 10월 테러수사특수합동팀(우리가 내는 세금이 어디에 쓰이고 있는지 보라)이 여덟 명의 급진적 중간소득계층 흑인들을 추적해 체포했다. 이들이 저질렀다는 유일한 범죄는 체제에 저항하고 스스로를 마르크스-레닌주의자라고 부르며 미국 사회의 억압적 성격에 의문을 제기했다는 것이다. 이들은 현재 투옥 중이고 영국의 성실청*이나 종교재판처럼 보이는 대배심 평결 절차가 진행 중이다. 24시간 감시를 22개월 계속했지만 지금까지 이 흑인 남성들과 여성들이—일부는 할머니들이기도 한데—테러리스트라는 증거는 전혀 나오지 않았다. 남아공에서 아프리카민족회의를 지지하는 것으로 추측되는 책을 읽거나 티셔츠를 입거나 그런 음악을 듣는다는 이유로 기소된 흑인 점원들과 판매직 여성들이 고소당한 사건들로 가득한 요하네스버그 법정이 떠오른다. 2년간의 고된 노력 끝에 어느 사무

---

* Star Chamber, 1641년에 폐지된 영국의 형사 법원으로 배심원을 두지 않고 불공평한 판결을 내린 것으로 악명 높다.—옮긴이

실 책상 서랍에서 팸플릿 몇 개가 발견되었을 뿐이다.

자유가 이렇게 체계적으로 서서히 부식되는 건 어떤 과정을 통해서인가? 미국 시민으로서 우리의 지위에 대한 점진적인 부식은 어떤 형태로 일어나고, 어떻게 흑인들은 그것을 처음에는 무시해도 되는 것으로, 그다음에는 받아들일 수 있는 것으로 설득되는가?

켄터키주 루이스빌에서 어느 백인 노동자에게 주당 231달러의 장애비용 보상금을 지급하라는 판결이 있었다. 서른아홉 살의 위생관리자 백인이 흑인들과 함께 일해야 했던 탓에 신경쇠약을 앓게 되었다는 주장을 법원이 받아들인 것이다.

뉴욕에서 아이티섬의 열악한 생활 조건과 세 명의 성직자를 투옥시킨 사건에 저항하는 평화 시위대가 뉴욕시의 허가를 받고 뉴욕 주재 아이티 대사관까지 행진했다. 이때 뉴욕시의 기마 경찰대는 공격견 세 마리를 거느리고 나타났다. 여성과 아동을 포함한 열여섯 명이 부상당했고 남성 한 명은 말발굽에 머리를 맞아 시력을 잃을 위험에 처했다. 그다음 날 흑인 미디어를 제외한 어떤 주요 신문, 텔레비전 방송국도 이 사건을 보도하지 않았다.

뉴욕에서 이런 일도 있었다. 뉴욕시와 버펄로에서 최소한 여섯 명의 흑인을 죽였다고 자백한 제대군인 백인 범죄자가 절차상의 문제로 1년도 채 안 되어 교도소에서 조용히 풀려났다. 그는 세 명의 살인 사건에 대해서 종신형을 선고받았고 나머지 살인죄에 대해서는 아무런 재판도 받지 않았다. 브루클린에서 백인 남성들이 세 명의 대중교통 노동자들을 공격하면서 그중 한 명을 발로 짓밟아 죽였다. 살인죄로 재판받은 세 명 가운데 두 명은 1년 이하의 징역형을 선고받았고 한 명은 아무런 처벌을 받지 않았다.

이런 판결들이 주는 메시지는 분명하다. 미국에서 흑인의 생명이라는 주식은 고가를 형성한 적도 없지만 현실에 안주하는 미국 백인들의 시각에 따라 급격히 그 가치가 떨어지고 있다. 아프리카계 미국인인 우리는 이런 인종차별적 시장에서 놀아날 여유가 없다. 우리의 목숨과 삶, 우리 아이들의 목숨과 삶이 위태롭다.

지금 1980년대 아프리카계 미국인들이 처한 정치적, 사회적 위치는 몇 가지 특정 측면에서 1950년대 남아공 흑인 공동체에서 벌어진 일과 유사하다. 1950년대 전후로 남아공에선 아파르트헤이트, 흑인들의 저항, 흑인 탄압 장치가 구축되었다. 억압받고 조종받는 거대한 인구 집단의 대응, 특히 물질적으로 가진 게 거의 없기 때문에 더 잘사는 이웃 동네 백인들과 확실히 비교되는 지역에서 살아가는 흑인 인구 집단에서의 대응은 항상 천천히 일어난다. 흑인들의 대응이 아주 느리게 진행되는 까닭은 점점 더 악랄하게 자신들의 신체적 생명을 위협하는 일상적 폭력에 대처하느라 다른 곳에 쓸 에너지가 없기 때문이다.

우리 흑인 공동체에서 일어나는 범죄 및 사회 붕괴와 관련해서 최근 많은 논의가 오가고 있다. 도시 지역에서 실업 상태의 흑인 청년들이 늘고 있으며, 그들이 자신들도, 자기보다 윗세대들도 의미 있는 미래로 나아가지 못하리라는 무기력과 절망감에 빠져 있다는 게 그 신호다. 더 이상 값싼 노동력이나 총알받이로도 쓸모가 없으니 그게 누구든 파괴해버리겠다는 사회의 결정에 우리 흑인 젊은이들이 희생되고 있다.

미국 정부 내 누구도 남아공의 아파르트헤이트가 좋은 것이라거나 이 나라에서 발전 중인 기술 지배 정치로 인해 아무런 혜택도 받지 못하는 거대한 값싼 노동력 풀이 점점 더 불필요해지고 있다고 대놓고 말하지는 않는다. 이런 경제에서 흑인들은 점점 더 소모품 취급을 받게 될 거라는 사실을 실제로 발설하는 사람은 없다. 그럼에도 불구하고 이 나라는 우주 전쟁에 돈을 대고 달을 오가는 우주왕복선을 쏘아올릴 계획은 세우면서 십 대 흑인 청년들의 실업 문제는 방치하고 있다. 이 나라는 이 문제를 해결할 마음이 없다. 흑인들을 쓸어 없애버리는 것이 더 낫다는 식이다. 경제가 위축됨에 따라 아프리카계 미국인들은 점점 더 남아도는 존재가 된다. 이와는 상이한 단계가 남아공에 존재한다. 남아공에서는 흑인들로 이루어진 값싼 노동력 풀이 여전히 경제의 핵심 축이다. 하지만 미국과 남아공, 두 체제는 서로 긴밀하게 연결된 채 유지되고, 일차적으로 백인 시장의 필요가 이 두 나라를 주도한다. 물론 미국 정부의 그 누구도 대놓고 아파르트헤이트를 두둔하지 않는다. 그들은 그럴 필요가 없으니까. 그들은 그저 가벼운 수사적 경고와 탄탄한 금융 투자로 아파르트헤이트를 지지하고 무기, 핵 기술, 정교하게 전산화된 폭동 진압 장치로 유지되는 남아공의 질서에 항상 찬사를 보낸다. 불량배들은 함께 뭉치는 법이니까.

남아공의 약탈적 홈리스를 가리키는 '찻지tsotsis', 즉 저녁마다 분노와 환멸에 젖은 채 샤퍼빌과 소웨토 및 여러 다른 흑인 거주 구역을 어슬렁거리는 흑인 청년들에 대해 떠돌던 1960년대의 이야기들을 나는 기억한다.

아프리카계 미국인들은 상대적으로 자유롭게 돌아다니고 남아공 흑인처럼 통행증을 들고 다닐 필요가 없으며 국가 공식 정책인 아파르트헤이트와 싸울 필요도 없다. 그러나 그렇다고 이윤을 추구하는 경제에서 각각이 처한 흑인의 상황이 불편할 정도로 유사하다는 점을 잠시라도 잊어서는 안 된다. 우리는 이런 유사점을 면밀히 조사하고 서로의 차이를 세심하게 인지하는 가운데 서로를 지지하는 행동 전략을 효과적으로 고안할 수 있다. 극단적인 지구 변화의 한 형태인 화산처럼, 혁명적 과정에는 격렬해지는 시기도 있고 폭발의 시기도 있다. 우리는 각 시기의 징후와 그 필요조건을 잘 알고 있어야 하고, 서로의 전투에서 배우고 서로를 지지하며 둘 사이의 차이를 서로에게 유익한 방향으로 활용해야 한다. 아프리카계 미국인들은 우리가 가진 달러로 좋은 방향으로든 나쁜 방향으로든 상대적 권력을 휘두를 수 있다. 우리에게는 남아공에서 사업을 벌이는 기업들이 투자를 철회하도록 압력을 가함으로써 남아공에 재정적으로 영향을 미칠 수 있는 능력이 있다. 남아공 흑인들에게는 그들이 운용하는 땅이라는 기반이 있다. 아프리카계-미국인^{African-Americans}인 우리에게는 그러한 토대가 없고, '하이픈으로 연결된' 사람들로서 뿌리 없음에 시달린다. 그렇지만 우리는 이러한 차이들로 함께 뭉쳐서 이 세상이 아직까지 보지 못한 미래, 상상하지도 못한 미래를 만들어낼 수 있다.

미국 정부가 자신들이 주도하는 국제정치에서 인권을 운운하며 자유주의적 헌신에 대해 뭐라 하든 우리가 남아공에 대한 투자를 수익성 없는 것으로 만들지 않는 한, 미국 정부는 남아공에 대한 투자를 계속할 것이다. 남아공이 가장 두려워하는 것은 경제적 투자 철회이지 도덕적 제재가 아니다. 여기서든 거기서든, 우리를 자유롭게 할 수 있는 것은 다른 누구도 아닌 우리 자신뿐이다. 투쟁하는 상황은 서로 다를지라도, 우리의 생존은 따로 떨어져 있지 않다. 아프리카계 미국인들은 남아공 흑인들과 피로 연결되어 있을 뿐 아니라 정치적으로도 연결되어 있다. 맬컴 엑스가 20여 년 전에 관찰했듯, 전투적이고 자유로운 아프리카는 아프리카계 미국인의 정체성에 위엄을 부여하기 위해서도 필수적이다.

미국 유엔 대사가 자신들이 남아공의 흑인들에게 제공했다고 하는 '도움'들을 줄줄 읊었지만 이에 대해 남아공 대통령은 오로지 냉소로 반응하며 흑인 거주 구역에서 흑인 부역자들에 대항하며 일어난 자생적인 폭력이 현재 국가 비상사태의 이유라고 주장하면서 스스로를 정당화하듯 흑인들을 비난했다. 물론 지금 백인 세계의 텔레비전 화면을 가득 채우는 것은 흑인을 죽이는 흑인들의 모습이다. 남아공 백인 경찰들이 학교에 다니는 흑인 아동들에게 총격을 가하고 여섯 살 난 아이를 투옥하는 모습, 학교에 다니는 흑인 소녀들을 차로 들이받아 죽이는 모습은 보도되지 않는다. 나는 필라델피아 흑인 시장에 대해서, 레이건 대통령이 임명한 연방민권위원회의 수장이자 부패의 대변인인 흑인 남성 클래런스 펜들턴을 보며 내가 느끼는 감정들에 대해서 생각한다. 펜들턴은 코넬대학교에서 어린 학생들에게 이렇게 말했다. "지금은 경제적 파이가 너무 작아 모든 사람이 공정한 몫을 가질 수 없으며 민권의 기능이 공정한 분배인 것도 아닙니다." 제도적 인종차별을 피부색의 문제로 보는 것은 단순히 얕은 속임수일 뿐이다. 제도적 인종차별은 마침내 권력과 특권의 문제가 된다.

아프리카인들과 아프리카계 미국인들, 아프리카계 유럽인들, 아프리카계 아시아인들 사이의 연결점은 현실적인 것이다. 비록 이 연결점들이 때로 너무 미약하게 보이더라도 말이다. 우리 모두는 전 세계의 사회정치적 의식 속에 아프리카성을 담아내는 것이 무엇을 의미하는지를 감상이나 고정관념에 빠지지 말고 면밀히 검토해야 한다. 우리는 생존을 도모하기 위해, 그리고 우리의 아프리카성을 현재 세계의 권력과 특권이 기반한 바로 그 토대를 바꾸는 데 사용하지 못하게 하는 지배 집단의 필사적인 반발에 맞서기 위해 우리의 차이들을 결합하고, 우리가 특수하게 지닌 힘들을 명료하게 드러내야 한다.

3

다른 방향에서 바라보기

레즈비언 엄마의 자녀 양육 1986

요즘 내 주위 어디서나 누군가가 아이를 가질 것이라든가 아이를 갖는 것에 대해서 이야기를 하는 것 같다. 아기를 좋아하는 나에게 이런 이야기는 어떤 면에서 꽤 좋은 느낌을 준다. 동시에 스스로에게 이렇게 묻지 않을 수 없다. 백인 중심의 인종차별적 체계 내부로서 미국이라는 나라에서, 유색인종으로 살아가야 하는 이곳에서 아기를 낳아 기른다는 것은 무엇을 뜻할까? 젖먹이 아기들이 게이와 레즈비언 공동체 안에서 주기적으로 눈에 띄기 시작하는 지금, 이 현상이야말로 감상에 치우지지 않은 채 면밀히 검토할 가치가 있다.

우리는 인간을 이성애자와 백인으로만 정의하는—인간이란 무엇인가, 라는 질문 자체가 제기되지 않는—나라에서 생존해온 유색인종 레즈비언과 게이이다. 우리는 이 나라 역사상 국내 및 국제 정책들뿐만 아니라 우리가 그 유산을 물려받기도 한 개발도상국들에 대한 이 나라의 방침과 태도가 너무나 반동적인 시기에 살고 있는 게이와 레즈비언이다. 이러한 반동적 상황에서 우리가 스스로를 보호하려면 이런 정책들, 방침들과 태도에 적극적으로 개입해야 한다. 우리가 전 세계 인구의 3분의 2를 차지하는 유색인종들의 국제 공동체 내부에서 책임 있는 자리를 차지하고자 한다면 이런 정책에 개입하여 영향을 미치고, 결과도 바꾸어야 한다. 현재 우리의 삶에 영향을 미치는 모든 전선에서 억압적인 보수주의가 분명 늘고 있다. 인종적 불관용의 전력이 있는 인물을, 그런 전력을 맹렬히 무시한 채 대법원장에 임명한 최근 사건부터, 라디오, 텔레비전, 비디오, 영화, 음악 등 미국 대중매체에 팽배한 모욕적인 인종적 이미지와 고정관념이 아무런 저항을 받지 않고 넘쳐난다.

통제되지 않는 새로운 질병이 우리의 동료, 연인, 친구 집단을 고통스럽게 잠식하는 이 시기에 우리는 유색인종 게이와 레즈비언이다. 두 가지 사실—사회적, 정치적 보수주의의 발흥과 일반 대중의 인식 속에 **게이** 질병이라고 알려진 에이즈의 출현—사이의 연결점이 무엇인지 아직까지 충분하게 자세히 검토되지 않았다. 그러나 우리는 이성애중심주의와 동성애혐오가 휘두르는 검열과 독선적인 행동이 증가하는 가운데, 이 둘의 위험한 결합을 확실히 목격한다. 그 결과 우리의 거리에서 퀴어가 쫓겨나고 우리의 침실을 사법 권력이 침범한다. 인종차별과 동성애혐오를 잇는 이런 연결점들을 보지 못한다면, 우리는 이 끔찍하게 편리한 질병—나는 여기서 **몰살하기에 편리한**이라는 의미에서 **편리한**이라는 단어를 사용한다—이 아무 근거 없이 자연스럽고 신비하게도 아프리카에서 기원했다고 믿게 돼버린다. 대중이 에이즈에 대해 점점 더 신경질적으로 반응하고 있지만, 화학물질에 의한 후천성면역결핍증Chemically Acquired Immune Deficiency Syndrome, CAIDS의 발생이 늘고 있다는 보도는 어디에서도 찾을 수 없고 어떤 말도 들리지 않는다. 멕시코 국경을 따라, 중동에서 그리고 산업 제국주의의 여러 다른 지역들에서 후천성면역결핍증 발생이 늘고 있는데 아무런 취재도, 관심도 없다. 화학물질에 의한 후천성면역결핍증은 트리클로로에틸렌에 오랫동안 노출됨으로써 발생하는 산업재해 질병이다. 트리클로로에틸렌은 전자기기를 만드는 세계 각지의 노동 착취 공장에서 대단위로 사용하는 화학물질이며, 이런 공장은 주로 말레이시아, 스리랑카, 필리핀, 멕시코에 있고, 그곳에서 일하는 노동자는 일차적으로 유색인종이다.

이런 시기에 우리 유색인종 레즈비언과 게이는 우리가 이 지구의 모든 해방 투쟁에서 잘못된 편에 선 나라의 시민이라는 우리의 위치를 무시할 수가 없다. 이 나라는 나치 독일 이후로 가장 악독하고 체계적인 인류 학살 프로그램인 남아공의 아파르트헤이트를 공공연히 용납하고, 묵인하고, 그에 공모하는 나라다.

우리 아이들이 이런 현실을 대면할 수 있는 힘을 지니려면 어떻게 양육해야 할까? 이렇게 양육하지 않는다면, 아이들을 그저 무장해제시킨 채 아무런 준비도 없이 용의 입속으로 밀어넣는 격이다. 만일 우리가 알고 있는 세상에 대한 정확한 그림도 없이 무작정 아이들을 기른다면, 우리는 사회 변화에 필요한 아이들의 동기와 그들의 생존과 성장을 도울 가장 효과적인 무기를 무디게 만드는 꼴이다.

우리는 아이다호의 작은 마을 코들레인에서 인종 전쟁이 치러지는 시기에 살아가는 유색인종 게이와 레즈비언이다. 지금은, 약 30킬로미터 떨어진 캘리포니아의 두 지역에서 두 명의 흑인이 린치를 당했지만 캘리포니아 지역 언론이 이 린치는 인종폭력이 아니며 우연히 동시에 발생한 사건이라고 우기는 시대이다. 두 피해자 중 한 사람은 흑인 게이 남성인 티머시 리이다. 다른 한 명은 티모시 리의 죽음을 취재하던 흑인 여성 기자 재클린 피터스이다.

지금은 지역정부와 연방정부가 빈곤 가족과 노동계급 가족에게 도움을 제공하는 어린이집 및 여러 다른 프로그램에 대한 지원금을 축소하는 시기이고, 심지어 가족이 점점 더 협소한 의미로 정의되는 시기이다.

그렇지만 우리에게는 아기들이 있다! 그리고 나는 이에 감사한다. 역사적으로 억압에 포위당해온 인종 공동체의 구성원으로서 유색인종 게이 남성과 레즈비언은 자녀라는 문제가 단지 학술적인 주제가 아니라는 점을, 우리의 자녀가 모호하기 짝이 없는 불멸성*을 붙잡으려는 이론상의 버팀목을 상징하는 게 아니라는 점을 마음 깊이 알고 있다. 우리의 부모는 삶의 목표로서 생존의 사례를 몸소 보여준 분들이다. 우리가 부모와 아무리 다르다 할지라도, 우리가 자기 자신에게 이름을 붙이고 왜 여기에 있는지를 스스로에게 물으며 자기 자신을 정의할 때, 우리는 부모의 사례를 그 정의 안에 새겨넣는다. 이 지구 행

---

* 사람은 언젠가 죽는 필멸의 존재이지만 자녀를 통해 필멸성을 초월한다고 보는 믿음. 로드는 자녀를 영원성에 대한 부모의 욕망을 투사하는 도구적 존재로 보는 생각은 모호한 관념일 뿐이라고 본다.—옮긴이

성에서 우리가 하는 모든 일이 평생에 다 이루어지지 않는다는 것을, 어쩌면 심지어 우리 아이들의 평생에 걸쳐서도 이루어지지 않으리라는 것을 알고 있다. 그러나 만일 우리가 해야 할 일을 지금 한다면 우리 아이들은 자기 삶을 살면서 우리가 남겨준 것을 계속 이어갈 것이다. 만일 지구가 계속 돌아가고 우리가 만들어온 전통을 잘 간직한다면 미래는 우리와 아이들의 것이 될 것이다. 우리가 인간의 가능성과 성장에 뿌리를 둔 비전으로, 역경 앞에서도 쪼그라들지 않는 비전으로 삶과 미래를 빚어낼 것이기 때문이다.

자녀를 가지려는 충동이 슬금슬금 다가오는 절망감에 대한 반응, 공허 속으로 뛰어들기 전에 외치는 마지막 절규라고 여기는 이들도 있다. 나는 이런 생각에 동의하지 않는다. 자녀를 양육하는 것은 미래에, 사회 변화에 참여하는 한 가지 방식이다. 한편으로, 지속가능한 미래가 무엇일지 정의하지 못하면서 자녀 양육만으로도 그러한 미래를 충분히 가져올 수 있다고 여기는 것은 위험할 뿐만 아니라 감상적인 생각이다. 우리 아이들이 어떤 세상에서 살기를 바라는지를 생각하고 그 세상에 부합하는 비전을 발전시키지 못한다면, 그리고 그런 세상을 만들어가야 할 우리의 책임을 외면한다면, 우리는 주인이 만든 유감스러운 드라마에서 노예 역을 맡을 새로운 연기자들을 양육하게 될 뿐이다.

그래서 이 모든 것이 레즈비언 엄마의 자녀 양육과 무슨 상관이 있을까? 자녀를 양육하는 모성에 대해 이야기할 때 나는 내가 백인 중심적이고 인종차별적이고 동성애혐오적인 미국에서 레즈비언이자 아프리카계, 카리브계 미국인 여성임을 뚜렷하게 의식하며 말한다.

나는 딸과 아들, 두 아이를 낳았다. 우리 딸과 아들의 어린 시절, 폭풍우와 함께 다른 모든 게 몰아치던 그 시절에 대한 기억은 나에게 기쁨으로 남아 있다. 그 시절은 내 삶에서 가장 창조적인 시절이었을 뿐만 아니라 가장 혼돈에 찬 시절이었다. 나의 연인 프랜시스와 함께 두 아이를 기르는 일, 인종의 차이를 넘어서 네 명으로 이루어진 가족* 안에서 관계의 여러 섬세하고 복잡다단한 일의 균형을 맞추며 살아가는 일은 나의 자아, 나의 능력, 내 삶의 실질적 의제들을 가늠하는 소중한 척도를 가르쳐주었다. 차이, 권력, 목적에 대한 실질적이고 때로는 고통스러운 교훈을 주기도 했다.

우리는 두 명의 흑인 자녀를 양육하는 40대의 흑인 레즈비언과 백인 레즈비언이다. 우리에게 그럭저럭 견디며 산다는 건, 삶을 사는 안전한 방식이 아니다. 가식이나 좋은 말로 완곡

---

* 로드는 1962년에 게이 백인 남성인 에드윈 롤린스와 결혼하여 1963년에 딸을, 1964년에 아들을 낳았다. 그 후 로드는 남편과 이혼하고 1968년에 백인 레즈비언 여성인 프랜시스 클레이턴과 함께 살기 시작하면서 레즈비언 엄마들로서 두 아이를 함께 양육했다. 로드의 가족은 엄마들과 자녀들도 인종 경계를 넘어 관계를 맺은 가족이다.—옮긴이

1부 | 나는 당신의 자매입니다

하게 미화하는 것도 마찬가지다. **레즈비언**은 서로를 사랑하는 여성들을 명명하는 단어이다. **흑인**은 아프리카계 후손을 뜻한다. 우리의 삶은 결코 간단하지 않다. 우리는 살아가는 동안 우리를 억압하도록 배치된 사회적 힘들을 항상 신중하게 의식하면서 무엇이 어떻게 작동하는지를 배우고 가르쳐야 했다. 동시에 해야 할 빨래가 있었고, 지켜야 할 치과 진료 예약이 있었으며, 만화는 정서에 좋지 않으니 봐서는 안 돼, 라고 아이들에게 말해야 할 때도 있었고, 내야 할 전기 요금도 있었다.

예를 들어 나에겐 내가 열쇠로 단단히 잠가두었다고 생각했던 분노가 있는데, 어느 날 나의 아이들도 비슷한 방식으로 그 분노에 불이 붙을 수 있다는 사실을 알게 되었다. 이 분노는 백인 중심적 인종차별로 인해 흑인들이 일상적으로 존재를 폄하당하면서 생존하기에 느끼는 분노이다. 내 아이들에게 그들이 느끼는 이 분노를 인정하고 활용하는 법을 가르치려면, 이에 앞서 나는 내가 느끼는 분노를 인정하고 활용하는 방식을 발견해야 했다. 우리가 느끼는 분노를 서로에게 퍼부어댐으로써 스스로를 괴롭히지 않으려면 말이다. 내가 배워야 했던 것은 통제나 억제가 아니라 나의 분노를 행동의 원료로 활용하는 방법이었다. 나의 분노에 양분을 대는 바로 그 억압적 환경을 바꾸는 행동의 원료로 분노를 활용하는 방법 말이다.

내가 인종차별적인 버스기사에게 맞서는 대신 내 딸의 철없는 농담에 화를 낸다면, 그것은 나의 분노를 엉뚱한 데 표출하여 딸을 아무 잘못 없는 피해자로 만드는 짓이었다. 여성학 모임의 의기양양한 백인 여성들 사이에서 흑인 여성으로서 나의 목소리를 내는 대신 편두통에 시달린다면 그건 바로 분노를 꿀꺽 삼켜 나 자신을 해치는 짓이었다. 이런 행동 중 그 어느 것도 내 아이들이 관계나 인종차별을 다루어야 할 때 주고 싶은 해결책이 아니었다. 내가 느끼는 분노를 인식하고 명명하여 그 분노를 그것이 있어야 할 마땅한 곳에 두는 효과적인 방법을 배우는 것이야말로 중요했다. 나 자신의 생존을 위해서뿐만 아니라 내 아이들의 생존을 위해서도 말이다. 그래서 내가 딸이나 아들에게 정당하게 화가 날 때—그리고 성자가 아닌 이상, 그 누구라도 성장 중인 아이들 곁에서 살면서 이러저러한 때에 화를 내지 않을 수 없다—나는 그 상황에 적합한 분노를 표현하되, 그 분노가 나의 표현되지 못한, 활용되지 못한 맹렬한 모든 다른 분노로 인해 과장되거나 왜곡되지 않도록 표현하려 했다. 그 상황에서의 분노와 억눌려온 분노를 구별하는 데 항상 성공한 것은 아니었지만, 나는 둘 사이의 차이를 계속 의식하려고 노력했다.

내가 분노를 다루는 법을 배울 수 없다면, 어떻게 나의 아이들이 건설적인 방식으로, 말하자면 분노를 부인하거나 숨기려 하지 않고 분노 때문에 스스로를 파괴하지 않으면서 분노를 다루는 방법을 배우리라 기대할 수 있겠는가? 흑인 레즈비언 엄마로서 나는 분노를 부인하는 데 에너지를 쓸 여유가 없으며, 나에겐 여전히 성장할 여지가 있다는 것을 알게 되었다. 우리가 우리의 자녀들과 함께 성장하지 않는다면 아이들은 배우지 못한 채 자라난다.

이는 냉정함을 유지하기 위한 기나긴, 때로 고된 여정이었다. 이 여정을 통해 나는 내가 이전에 가능하다고 생각했던 것을 훌쩍 뛰어넘어 내 능력을 향상시키는 열매를 얻었다. 이해하는 능력, 흔한 사건을 새로운 관점에서 바라보는 능력, 나의 통찰을 신뢰하는 능력 같은 것들 말이다. 이것은 거리에서 들리는 내 아이들의 웃음소리, 잠을 자고 있는 아이들의 사랑스럽고 아름다운 모습만으로도 달콤해지는 신나는 여정이기도 했다. 나의 딸과 아들은 생존의 문제를 매일의 일상적인 질문으로 만들었고, 그 해결책 역시 면밀히 검토하여 실천해야 할 사항으로 만들었다. 나는 희망한다. 우리의 아이들이 집안에서 자신들의 힘과 차이를 활용하면서 배운 것들을 세상을 구원하는 데도 언젠가 활용할 수 있기를. 더 이상 나는 바랄 게 없다. 나는 내 아이들에게 계속해서 배우고 있음을 안다. 지금도 배우고 있다.

이는 아래가 아닌 위를 바라보는 데 익숙해지는 일과 같다. 물론 항상 위를 올려다보면 뒷목에 약간의 통증이 생길 수 있다. 아들 조너선이 열일곱 살 때 내게 이렇게 물은 적이 있다. "그런데 엄마, 엄마는 우리가 엄마보다 키가 더 클 때까지 어떻게 우리를 한 번도 때리지 않을 수가 있었어?" 그 순간 나는 아버지가 나를 한 번도 때리지 않았던 것과 똑같은 이유로 나도 아이들을 때린 적이 없다는 것을 깨달았다. 우리가 살아가는 세상에 대해서 느끼는 분노가 새어나가 우리가 사랑하는 누군가를 오염시키고 파괴할까봐 두려웠다. 그러나 아버지는 닫힌 문 뒤에서 상상의 대화를 하는 것이 다였고 그것을 넘어 분노를 표현하는 법을 결코 배우지 못했다. 아버지는 화를 내는 모습을 보이지는 않았지만 분노의 마개를 덮고 뒤죽박죽 뒤섞인 분노로 인해 쉰 한 살에 돌아가셨다. 다른 한편, 어머니는 내가 엉엉 울며 지칠 때까지 나를 두드려 패곤 했다. 하지만 어머니에게 썩어가는 음식을 판 사람, 거리에서 어머니와 어머니의 아이들에게 침을 뱉은 사람은 활기가 넘치는 나머지 제멋대로 구는 아이인 내가 아니었다.

프랜시스와 나는 우리 아이들이 우리가 누구인지, 아이들 자신이 누구인지 알기를 원했고, 우리가 아이들과 우리 자신을 자랑스러워한다는 것을 알았으면 했다. 아이들도 스스로는 물론이고 우리를 자랑스러워하기를 바랐다. 그러나 딸 베스는 열다섯 살 때 화가 나서 냉랭한 목소리로 이렇게 말했다. "엄마는 단지 레즈비언이라는 이유로 다른 나머지 사람들과 엄마가 너무 다르다고 생각하지만, 엄마도 똑같아요. 다른 모든 부모들이랑 엄마도 똑같다고요……." 그러고 나서는 훈육이나 잔소리, 우리가 저지른 잘못에 대해서 꽤 정확한 증거를 들이대기 시작했다.

지금 그중에서 무엇보다 유난히 기억이 나는 것은 우리가 모든 다른 부모들과 똑같지만은 않았다는 점이다. 우리 가족은 모든 다른 가족과 달랐다. 이 점 때문에 우리가 한 가족이 되지 못하지는 않았다. 프랜시스와 내가 레즈비언이라고 해서 부모가 되지 못하는 게 아닌 것처럼 말이다. 그렇지만 우리가 사회적으로 인정받는 가족이 되기 위해서 다른 모든 가족과 똑같아질 필요는 없었다. 우리는 인종 경계를 넘어 결합한 레즈비언 가족이고, 뉴욕시에서 가장 보수적인 동네에서 사는 급진적 부모이다. 이런 차이들의 의미를 탐구함으로써 우리 가족은 모두 함께 배우며 힘차게 나아갈 수 있었다. 우리는 금요일부터 목요일까지, 치통에서부터 숙제, 우리 둘 다 늦게까지 일할 때 누가 아이들을 돌볼 것인지 선택하는 문제까지 이런 탐구들을 잘 활용하여 해결해나갔고, 프랜시스가 학부모 모임에 참석하기도 했다.[*]

어떤 아이든, 음식이나 옷, 안식처, 사랑 등 채워주어야 할 기본적인 여러 필수사항이 있다. 그렇다면 무엇이 우리 아이들을 남들과 다른 존재로 만드는가? 우리 때문이다. 유색인종 게이와 레즈비언들은 다르다. 우리는 섹슈얼리티와 피부색을 이유로 공격에 시달린다. 우리가 우리 아이들에게 가르쳐야만 하

---

[*] 흑인인 딸과 아들의 학교에 백인 여성인 프랜시스가 엄마로서 학부모 모임에 나간 것이다. 이것은 흑인 아동의 부모는 흑인일 것이라는 통념을 깨는 행위이기도 하다.―옮긴이

는 교훈이 있다면, 그것은 차이가 변화의 창조적 힘이라는 점, 생존과 미래를 위한 투쟁은 관념의 문제가 아니라는 점이다. 우리의 삶을 직조하는 결은 바로 이 차이이다. 남아공 아이들의 삶의 결을 직조하는 것이 혁명인 것처럼 말이다. 남아공 아이들은 소웨토에서 주머니에 돌을 가득 채워 빠른 걸음으로 요하네스버그로 간다. 거기서 그들은 미국 백인 회사 앞, 최루탄과 고무탄이 날리는 거리에서 쓰러진다. 이 아이들은 어린 영웅이 되고자 한 것이 아니다. 이 아이들이 어머니와 아버지에게 거리로 달려가 죽겠다는 허락을 받은 것도 아니다. 그래도 그들이 이렇게 하는 것은 어딘가에서 그들의 부모가 생존을 위해 어떤 대가를 치러야 하는지를 보여주었기 때문이고, 이를 통해 비인간적인 환경에서 자신들이 해야 할 역할을 다시 정의함으로써 부모들이 했던 일을 똑같이 하고 있는 것이다.

유색인종 레즈비언의 자녀들은 피부색도 엄마도 선택하지 않았다. 그렇지만 엄마가 유색인종 레즈비언이라는 것은 그들이 살아가는 삶의 사실이다. 그들이 스스로를 정의하기로 할 때 이런 현실의 위험뿐만 아니라 그 힘도 그들에게 알려줘야 한다.

그렇다. 때때로 우리 딸과 아들은 우리가 우리의 차이, 정치적, 인종적, 성적인 차이를 명료하게 표현해야 한다고 주장했기에 그에 대한 대가를 치러야 했다. 이는 말하기 어려운 부분이다. 아이들이 나의 비전, 나의 신념에 희생될 수 있다는 것을 알면서도 아이들을 기른다는 건 가슴 아픈 일이기 때문이다. 그렇지만, 흑인의 자녀로서 우리 아이들은, 부모가 레즈비언이든 아니든, 백인 중심의 인종차별적 이익을 추구하는 성차별적이고 동성애혐오적인 미국의 비전에 희생양이 될 수밖에 없다. 그리고 우리는 이를 허락할 수 없다. 그래서 우리가 우리 아이들을 총알받이가 아니라 전사로 키워내야 한다면, 최소한 우리는 우리가 치르는 싸움이 무엇인지, 우리가 거두어야 할 승리가 어떤 모습인지에 대해 매우 명확히 해야 한다. 그런 다음에라야 우리 아이들은 자신들이 싸울 전투를 선택할 것이다.

유색인종 레즈비언과 게이들 그리고 그 자녀들은 오늘날 이 나라에서 인간의 존엄을 위한 모든 투쟁의 최전선에 있다. 이것은 우연이 아니다. 동시에 우리 아이들이 어린이일 때 어린이로서 사랑, 보호, 지시를 필요로 한다는 점도 기억해야 한다. 처음부터 프랜시스와 나는 우리 아이들 각자가 스스로를 정의할 권리가 있으며 자신들이 느끼는 바를 느낄 권리가 있다고 가르치려고 노력했다. 그리고 그런 느낌들로 인해 취하게 되는 행동에도 책임져야 한다고 가르쳤다. 이러한 가르침을 위해서 우리는 베스와 조너선이 이런 자기정의를 만들어가는 데 필요한 정보, 진실한 정보에 접근할 수 있도록 해주어야 했다. 그 정보가 우리에게 매우 불편한 것일지라도 말이다. 그들이 분노, 두려움, 반항심, 기쁨을 느낄 수 있는 충분한 공간도 마련해주어야 했다.

우리는 운이 좋아 다른 레즈비언들의 사랑과 응원을 누릴 수 있었다. 이들은 대부분 자녀가 없지만 우리와 딸과 아들을 사랑해주었다. 이런 응원과 지지는 겉보기에 극복 불가능한 어떤 차이로 인해 우리가 레즈비언 부모로서 홀로 고립되었다고 느끼게 되는 때에, 특히 중요했다. 우리에게 응원과 연대를 베풀어준 또 다른 원천은 자녀를 홀로 양육하는 흑인 여성들이었다. 이들은 프랜시스와 내가 이웃의 반감에 부딪히거나 두 아이가 수두를 동시에 앓는 일로 고생하거나 혹은 점점 심해지는 십 대의 반항을 견뎌내지 못할 것 같던 때에도 우리를 응원해주었다. 우리 아이들이 우리와 대결할 때, 자기주장과 비폭력적 힘에 대해서 배운 것을 우리에게 시험해보기로 마음먹는다면 겁이 날 수밖에 없다. 그러나 이것은 그들 스스로 배워가는 과정에 필수적인 것이다. 가장 우선해야 할 질문은 그들이 그것을 잘 활용할 만큼 배웠는가이다.

우리 딸과 아들은 이제 이십 대이다. 그들은 둘 다 전사이고 전투지는 달라졌지만 전쟁은 똑같다. 이 전쟁은 남아시아의 성매매업소부터 남아공 케이프타운의 유혈낭자한 골목길, 베를린에서 불타 죽은 레즈비언, 뉴욕시에서 추진하던 사업 때문에 총에 맞아 죽은 할머니 엘리너 범퍼스, 뉴욕시 경찰에게 눈을 빼앗긴 마이클 스튜어트*에 이르기까지 광범위하고 치밀하게 펼쳐지는 전쟁이다. 이 전쟁은 우리 딸이 초등학교 3학년 흑인 아동과 라티노 아동들에게 "나는 아름답고 훌륭한 존재입니다"라고 외치는 노래를 가르치는 교실에서부터, 우리 아들이 남아공 투자 철회 거부 방침에 저항하기 위해 학교의 성조기를 남아공 국기로 바꾸어 펼치는 대학 캠퍼스에까지 걸쳐 있다. 우리 딸과 아들은 어떤 무기를 사용하여 전쟁을 치를지를 선택하는 과정에 있다. 그 무기들 중 일부는 분명히 나에게 완전히 낯선 것이리라. 그렇지만 나는 딸과 아들을 깊이 신뢰한다. 그들은 자신이 되고 싶은 여성, 남성이 되도록 길러졌고 전투를 치르는 가운데 우리 모두의 미래에 봉사하도록 양육되었기 때문이다.

✱   마이클 스튜어트가 경찰의 폭력에 의해 살해되었다는 결정적인 증거 중 하나가 안구 출혈 여부였으나 당시 검시관에 의해 이 증거가 훼손되었다.—옮긴이

4

사도마조히즘을
비난하는 것이 아닙니다

오드리 로드와의 인터뷰

인터뷰 진행자: 수전 리 스타*

우리가 어떤 미래를 만들어가고 싶은지 끈질기게 검토하지 않는다면,
가장 친밀한 관계를 포함하여 우리가 맺는 모든 관계 속으로 통합되어 발휘되는
힘이 어떻게 표현되는지를 꼼꼼하게 검토하지 않는다면, 우리는 더 나은 미래를
향해 나아가지 못하고 이전과 똑같이 낡고 진부한 드라마에 나오는 인물을
재연하게 될 뿐입니다. …… 사도마조히즘**은 권력을 함께 나누는 것이 아닙니다.
사도마조히즘은 낡고 파괴적인 지배/종속의 인간관계와 일방적 권력을 그저
답답하게 재연하는 것일 뿐입니다. 이러한 사도마조히즘의 방식은 지금도 우리가
살아가는 세상과 우리의 인간적 의식을 끊임없이 짓밟아 먼지로 만들어버립니다.

—오드리 로드, 〈편집장에게 보내는 편지〉, 《게이 커뮤니티 뉴스》

---

* Susan Leigh Star, 미국의 사회학자이다. 이 인터뷰를 하던 시기에 스타는 레
즈비언 저널인 《시니스터 위즈덤Sinister Wisdom》에서 활동했다.—옮긴이
** 사도마조히즘sadomasochism은 성적 파트너를 공격하여 쾌락을 느끼는 사디즘
sadism과 공격을 당하면서 쾌락을 느끼는 마조히즘masochism을 동시에 가리키는 용어
다.—옮긴이

1980년 6월과 7월에 나는 버몬트주 시골의 어느 목가적이고 생명력 넘치는 푸르른 세상에서 짧은 여름을 활기차게 보냈다. 내가 여름과 겨울에 강의를 하는 곳이다. 어느날 오후 (다른 교수인) 수^{sue}와 나는 작은 연못 한가운데에 있는 부두에서 일광욕을 하며 누워 있었다. 갑자기 이곳에서 검은 가죽옷을 입고 쇠사슬을 찬 누군가가 초원에서 성큼성큼 걷는 모습을 본다면 어떨까 뜬금없는 상상을 했다. 이런 모습은 내가 샌프란시스코 도심지에서 익숙하게 보아온 것이기도 하다. 사도마조히즘 연출의 기준들 중 하나가 분명해지자 웃음이 터져나왔다. 사도마조히즘은 도시에서 일어나는 일이며 펑크록처럼 만들어진 문화이고 특히 도시의 테크놀로지로 유지된다는 기준 말이다.

같은 주에 수와 나는 울퉁불퉁한 길을 한참 달려 버몬트주에서 가장 시골인 노스이스트킹덤으로 가서 오드리 로드를 인터뷰했다. 빛나는 햇빛 속에 앉아 똑같이 빛나고 있는 오드리와 프랜시스, 그리고 수와 함께 메추라기 새소리를 들으며 저 멀리 계곡에서 피어오르는 안개를 보고 있자니 다시금 조화롭지 않은 상황에 갇힌 듯했다. 우리가 나누는 대화의 주제가 다른 세계에 속한 것 같았기 때문이다.

인터뷰를 아름다운 시골에서 했다는 점을 밝혀두는 까닭은 다음을 기억하는 것이 중요하기 때문이다. 사도마조히즘에 대한 모든 대화는 특정한 장소와 특정한 역사적 시기에 일어나며 이 특정 맥락은 기록되어야 하고, 다른 맥락에서 일어난 것들과 비교되어야 한다.

리: 레즈비언 공동체에서 일어나는 사도마조히즘 현상을 어떻게 보시나요?

오드리: 레즈비언 페미니스트 공동체에서 사도마조히즘은 우리 공동체를 둘러싼 더 큰 경제적, 사회적 쟁점들과 분리된 문제가 아닙니다. 그것은 이 나라의 전반적인 경제적, 사회적 경향을 정확히 반영합니다.

안타깝게도 오늘날과 같은 성장의 시기에 사도마조히즘을 편안하게 느끼는 사람들이 있습니다. 이러한 매혹의 본성은 무엇일까요? 이성애 매체는 왜 그렇게 사도마조히즘을 강조해서 보도할까요? 사도마조히즘은 이 나라에서 지배와 복종과 관련해 진행 중인 다른 발전들과 궤를 같이하며, 정치적으로, 문화적으로, 경제적으로 이질적인 권력과도 맞아떨어지는 데가 있습니다.

사모아*가 현재 세간의 주목을 받고 있는데 이로 인해 사도마조히즘은 레즈비언 공동체에서 과잉 재현됩니다. 사도마조히즘은 지배문화의 주제이기 때문에, 그것을 문제삼지 않

---

* Samois, 샌프란시스코에서 활동하는 사도마조히즘 단체. 《일탈: 게일 루빈 선집》의 저자 게일 루빈도 이 단체를 설립하는 데 관여했다. 사모아의 활동 및 당시의 사도마조히즘을 둘러싼 논쟁에 대한 루빈의 설명은 해당 책의 4장 〈가죽의 위협: 정치와 S/M에 관한 논평〉을 참조.—옮긴이

은 채 단순히 여성들의 것이라고 주장하는 시도는 그 행위의 내용이 실제로 무엇인지 들여다보지 않으려는 핑계입니다. 예를 들어, "우리는 이런 극단적인 것을 하는 레즈비언입니다. 그리고 당신은 **우리를** 비판하고 있고요!" 사도마조히즘이 이런 식으로 레즈비언 페미니즘, 레즈비어니즘, 그리고 페미니즘의 정당성을 공격하는 데 이용됩니다.

리: 그 말은 즉, 이성애 매체가 사도마조히즘이 가진 더 광범위한 함의를 외면하고 이 세계에서 그 현상이 실제로 존재하는 방식을 다루지 않음으로써 레즈비언 공동체 내부에서의 사도마조히즘을 부추기는 동시에 과장하고 있다는 말씀이지요?

오드리: 그렇습니다. 그리고 그러한 권력의 관점이 더 너른 세계의 상당 부분을 이루기 때문에 따로 떼어 비판하기란 어렵습니다. 에리히 프롬Erich Fromm이 예전에 말한 바 있죠. "수백만 명의 사람들이 참여한다고 해서 잘못된 생각이 멀쩡한 것이 되지는 않는다."

리: 그렇다면 각자 본인의 방식대로 살아가게 하자는 '공존공영live and let live'의 원칙 및 시민의 자유와 관련된 쟁점들은 어떻게 보시나요?

오드리: 핵심은 그게 아닙니다. 제가 제기하는 문제는 자신의 삶을 살아가는 사람들의 권리에 대한 것이 아니니까요. 제가 하려는 말은 우리가 우리의 삶에 깃든 함의를 반드시 관찰해

야 한다는 것입니다. 우리가 지금 페미니즘에 대해서 말하는 것이라면, 개인적인 것은 정치적인 것이고, 우리는 우리 삶의 모든 것을 면밀하게 검토할 수 있습니다. 우리는 병들고 비정상적인 사회에서 양육되었기에, 이 사회의 조건들에 대해서뿐만 아니라 우리 자신을 되찾아오는 과정에 대해서도 이야기해야 합니다. 이것은 복잡한 일입니다. **저는 사도마조히즘을 비난하려는 게 아니라** 지금 일어나고 있는 일을 인식하고 그것이 무엇을 의미하는지를 따져보자는 말을 하려는 것입니다. 다른 이의 생활을 엄격히 통제하려는 게 아닙니다. 다만 우리가 우리의 인간관계를 면밀히 검토한다면, 그 관계의 모든 측면을 자세히 살펴보아야 한다는 겁니다. 혁명의 주체는 우리 자신이고 우리의 삶입니다.

사도마조히즘은 제도적인 지배/복종 관계를 찬양하는 행동입니다. 그것은 우리로 하여금 복종을 받아들이거나 지배를 강제하도록 준비시킵니다. **심지어 놀이에서조차** 힘없는 이에게 권력을 행사하는 것을 성애적erotic이라고 승인한다면 그것은 정치적, 사회적, 경제적으로 그런 관계를 지속시키는 정서적, 사회적 무대를 마련하는 일이나 마찬가지입니다.

사도마조히즘은 지배란 불가피하며 정당하게 누릴 만한 것이라는 신념을 강화합니다. 사도마조히즘은 두 얼굴을 지닌 신을 숭배하는 현상과 비교할 수 있습니다. 보름달의 밝은 측면만 숭배하면서 어두운 뒷면은 마치 앞의 밝은 부분과 전적으로 동떨어진 별개라는 식으로 보는 것이죠. 그렇지만 당신이 아침으로 무엇을 먹고 작별 인사를 어떻게 하든, 당신 삶의 특정 측면만을 떼낼 수 없으며 그 함의를 분리할 수도 없습니다. 이것이 바로 **통합성**^{integrity}이 뜻하는 바입니다.

리: 지금의 말씀은 사모아 여성들이 제기한 두 가지 핵심 주장과 관련됩니다. 즉 자유주의적 관용은 섹슈얼리티 영역에서는 필수적이라는 주장, 사도마조히즘 관계의 일부에서 **작동하는 권력**은 침실에만 국한된다는 주장입니다. 제가 보기에도 우리 삶에서 이토록 중요한 한 부분에 이런 차단선을 치려는 시도는 위험합니다.

오드리: 만일 사도마조히즘이 침실에만 국한되는 것이라면, 사모아의 소책자, 《여러분의 손수건은 무슨 색깔인가요?: 레즈비언 S/M 섹슈얼리티 선집》은 왜 발행되었을까요? 만일 침실에만 국한되지 않는다면 그건 무엇을 뜻할까요? 우리가 우리의 경험 대부분을 개인적인 것으로만 여긴다면, 그것은 자본주의의 영리 체계가 원하는 바입니다. 통합적인 삶을 살고자 한다면 삶의 수문을 열어두고 정서적 일관성을 지녀야 합니다. 우리가 똑같은 방식으로 행동한다거나 변화하지 않는다거나 성장하지 않는다는 말이 아니라, 우리의 모든 행동 속에 스스로를 드러내는 근원적인 통합성이 존재한다는 뜻입니다. 우리 중 누구도 태생적으로 완전하거나 통합적 존재는 아닙니다만, 통합성이라는 목표를 향해 나아갈 수는 있습

니다.

성애적인 것은 우리의 삶을 관통해 흐르며, 통합성은 우리가 열망하는 기본 상태입니다. 만일 이런 통합적 상태를 향해가는 인생 여정에서 어떤 것도 배우지 못한다면 우리는 아무것도 배울 수 없습니다. 우리는 이런 삶의 비전을 가지고 다양한 행동 경로를 자유롭게 검토할 수 있습니다. 다만 통합성이 그 여정의 토대가 되어야 합니다.

모든 사회에서 어떤 것들은 전적으로 파괴적이라고 규정됩니다. 오래된 예로 사람들로 북적이는 극장에서 "불이야"를 외치는 경우를 떠올려보세요. 자유주의는 수정헌법 제1조를 인용하며 포르노그래피를 허용하고 있으며 아내에 대한 폭력 역시 허용해왔습니다. 그러나 헌법이 허용한다고 해서 포르노그래피와 아내에 대한 폭력이 내가 가진 삶의 비전과 일치하지는 않아요. 도리어 이 두 가지는 내 삶에 즉각적인 위협 사항입니다.

내가 반복해서 던지는 질문은 이것입니다. **이것으로 이익을 얻는 사람은 누구인가.** 사도마조히즘이 페미니즘운동에서 일어나는 갈등으로 무대 중앙에 등장할 때, 나는 묻습니다. 이로 인해 어떤 갈등들이 드러나지 **않게** 되는가.

리: 사도마조히즘은 어떻게 시작되었을까요? 그 뿌리는 무엇일까요?

오드리: 우리의 마음 가장 깊은 곳에 주입된 우월함/열등함이라

는 틀에서부터 시작합니다. 차이에 대한 학습된 불관용이죠. 사도마조히즘에 연루된 이들은 우리 모두가 배운 바 있는 차이에 대한 불관용을 휘두릅니다. 우월하니까 지배할 권리가 있다는 식이죠. 이러한 갈등은 침실문 뒤에서 벌어지는 일이니 그 영향력은 저절로 제한된다고 봅니다. 정말 그런가요? 성애적인 것이 우리 삶의 모든 부분에 힘을 주입하고 영양을 공급하며 스며 있는데도요?

철저한 고민 끝에 나 자신에게 내가 이 문제에 관해 청교도적인 것은 아닌지, 스스로에게도 매우 조심스레 묻습니다. 내 대답은 '아니다'라는 것입니다. 나는 우리가 우리 삶을 구성하는 네트워크에 대한 통합된 삶의 결정을 내리기 위해 함께 노력하고 있다고 생각합니다. 그리고 그러한 결정들이 우리를 다른 결정과 헌신들로, 말하자면 세상을 바라보고 변화를 추구하는 특정한 방식으로 이끈다고 봅니다. 만약 이런 결정이 우리의 성장과 변화로 이어지지 않는다면, 우리는 아무것도 일구어낼 수 없고 우리에게는 미래도 없습니다.

리: 사도마조히즘이 게이 남성과 레즈비언에게 서로 다른 의미를 띤다고 생각하나요?

오드리: 레즈비언들이 서로를 구타한다고 할 때 이득을 보는 사람들은 누구일까요? 백인 남성들은 자기들이 하느님이라 생각하며 자랍니다. 대부분의 백인 게이 남성은 오로지 한 측면에서만 주변적입니다. 백인 게이 남성 운동의 많은 부분이

아메리칸 드림에 합류하고자 하는 열망을 추구하며, 자신들이―'미국식 민주주의'로 잘못 명명된―표준적인 백인 남성의 특권을 얻지 못할 경우 분노를 표출합니다.

종종 백인 게이 남성은 체제를 바꾸지 **않으려고** 합니다. 게이 남성 운동이 백인 중심적인 까닭은 이 때문입니다. 흑인 게이 남성은 살아남으면서 경험한 여러 사실로 인해 아메리칸 드림과 남성 특권에 포함될 수 없다는 것을 깨닫습니다. 몇몇 사람들이 이미 흑인/백인 게이 남성 분리를 검토하고 탐사한 바 있습니다. 예를 들어 최근에 워싱턴에서 제3세계* 레즈비언과 게이 전국대회가 있었습니다.** 이 대회에서 흑인 여성 레즈비언인 우리는 백인 레즈비언이나 게이 남성들과 공유하는 부분도 있지만 그렇지 못한 차이도 있음을 인식했습니다. 이 대회에 참여한 이들은 각 집단의 목표를 분명히 하는 것이 백인 게이와 레즈비언 사이에서도, 유색인종 게이와 레즈비언 사이에서도 필수적이라는 점을 인식했습니다.

---

*　여기서 '제3세계'는 미국의 유색인종을 뜻한다. 1970년대에 미국의 흑인과 라티노 등 비백인 유색인종 학자들은 '제3세계'라는 용어를 사용해 미국의 유색인종이 처한 상황을 설명하곤 했다. 미국 내부에서의 유색인종 억압을 지칭하는 지정학적 은유로서 '제3세계'는 1980년대 중후반 미국 학계에서 탈식민주의의 발흥과 더불어 더 이상 사용하지 않게 되었다. 미국의 인종 정치가 만들어낸 내부의 식민지/식민화를 거론하는 데 '제3세계'를 은유적 용어로 사용하는 것은 실제 미국 밖 제3세계의 존재를 무시하는 것이라 보았기 때문이다.―옮긴이

**　1979년 열린 이 대회에서 오드리 로드는 기조연설을 맡았다.―옮긴이

많은 게이 남성과 백인 남성 기득권층 사이엔 본질적인 전투가 없었다고 봅니다. 명확히 하자면, 자신들이 경험하는 억압을 그들 자신만이 겪는 억압이라 생각하지 않고 더 나은 미래를 위해 일하는 게이 남성들도 분명 존재합니다. 하지만 다수의 정치는 그렇지 않습니다. 즉 수많은 백인 게이 남성은 이 사회에서 다른 백인 남성과 동일한 끈으로 이어져 있습니다. 사람들은 자신들과 기본적인 이해관계가 동일한 이들에 맞서 싸우지 않습니다.

리: 사도마조히즘 정치가 더 광범위한 여러 운동의 정치와 긴밀히 연결되어 있다는 의미로 말씀하신 것이기도 하지요?

오드리: 삶과 분리된 섹슈얼리티는 없습니다. 소수자 여성인 저에게 지배와 복종은 침실의 문제가 아닙니다. 강간이 그저 섹스의 문제가 아닌 것처럼, 사도마조히즘도 섹스의 문제가 아닙니다. 그것은 권력을 사용하는 방식의 문제입니다. 만약 사도마조히즘이 그저 개인적인 성적 교환이나 사적인 취향에 대한 것일 뿐이라면 어째서 그것이 정치적 쟁점이 될까요?

리: **느낌들**이라는 전체 개념에는 어딘가 폭정 같은 면이 있습니다. 마치 내가 무언가를 느끼면 그 느낌에 대해서 반드시 무언가 행동을 해야 한다는 식으로 말이지요.

오드리: 우리는 탱크나 전쟁을 **느끼지는** 않습니다. 미움이나 사랑을 느끼지요. 느낌들은 잘못된 것이 아닙니다만, 우리가 느낌들을 충족시키려고 취한 행동들에 대해서는 책임을 져

야 합니다.

리: 사모아 및 사도마조히즘을 실천하는 다른 레즈비언들이 권력 개념을 사용하는 방식에 대해서는 어떻게 생각하세요?

오드리: 사도마조히즘에서 '바닐라' 섹스*는 열정 없는 섹스라고 여겨집니다. 사도마조히즘을 실천하는 이들은 불평등한 권력이 없다면 열정도 사라질 수 있다고 보는 것이죠. 이런 주장은 매우 안타깝고 처량하고 파괴적입니다. 열정을 지배/복종과 연결하는 것은 남성-여성 관계에 근거한 이성애적 이미지의 원형이며, 그것은 포르노그래피를 정당화합니다. 여성은 착취당하는 것을 좋아한다고요. 이는 또한 모든 억압적 관계를 정당화하는 원형이기도 합니다. '차이를 지닌' 종속된 자는 열등한 지위를 즐기라는 식이지요.

게이 남성 운동은 예컨대 게이 사도마조히즘 포르노그래피와 이성애 포르노그래피를 구분하는 데 열을 올립니다. 게이 남성들은 이 구분이 초래하는 결과를 보지 않아도 될 사치를 누립니다. 여성이자 페미니스트인 우리는 우리의 행동을 면밀히 살피고 우리의 행동이 무엇을 함의하는지 그리고 그 행동이 무엇에 기반한 것인지를 알아야 합니다.

여성인 우리는 수동적으로 따르도록 훈련받아왔습니다. 우

✿　관습적인 방식의 섹스. 서구에서는 (주로 이성애 부부 사이의) 남성 상위 섹스를 뜻한다.—옮긴이

리는 사도마조히즘 현상을 자세히 살펴보는 동시에, 안팎으로 교묘하게 조종하려는 의도를 알아차릴 수 있도록 스스로를 교육해야 합니다.

리: 이것이 특히 레즈비언 페미니즘과는 어떻게 관련되나요?

오드리: 첫째, 우리는 스스로에게 물어야 합니다. 레즈비언 공동체에서 사도마조히즘 섹스라는 이 문제 전체가 우리의 관심과 에너지를 다른 데로 돌리는 데 이용되고 있는 것은 아닌가? 즉, 인종차별적이고 보수적이고 억압적인 이 시기에 우리가 여성으로서 당면한, 더욱 긴급하고 즉각적으로 삶을 위협하는 여러 다른 쟁점을 인식하지 못하게 하는 것은 아닌가? 논점을 흐리는 미끼가 아닐까? 선동가의 연막은 아닐까? 둘째, 레즈비어니즘이 단순히 성적 취향이 아닌 것처럼, 레즈비언 사도마조히즘은 침실에서만 이루어지는 행위가 아닙니다. 이 점은 예를 들어 바버라 스미스가 여성에게 동일시하는 여성^{women-identified women}이라는 개념을 제시하면서 논의한 것, 스미스가 조라 닐 허스턴이나 토니 모리슨의 작품을 논의하면서 말한 '레즈비언' 경험이라는 개념에서도 드러납니다.** 이러한 행동들의 속성을 규정하는 것은 내가 누구와

** Barbara Smith, "Toward a Black Feminist Criticism," Conditions 2 (October 1977): 25-44. [이 글의 번역본은 다음을 참고하라. 바버라 스미스, 〈흑인 페미니스트 비평을 향하여〉, 《페미니스트 비평과 여성 문학》, 일레인 쇼월터 엮음, 신경숙·홍한별·변용란 옮김, 이화여자대학교출판문화원, 2003]

자느냐, 우리가 함께 무엇을 하느냐가 아닙니다. 내 성애적 관계의 특성과 효과가 내 삶과 존재 전체에 스며듦에 따라 내가 삶에 대한 어떤 진술을 하게 되느냐입니다. 우리의 성애적 삶과 지식 깊숙이 자리한 광맥으로서, 우리의 섹슈얼리티는 우리를 어떻게 풍요롭게 하며 우리의 행동에 어떻게 힘을 실어주고 있을까요?

2부

나의 글은 계속 존재할 것이다

5

게일 존스의
《에바의 남자》 리뷰

흑인 여성 피해자인 에바 메디나 캐나다는 자기 연인에게 3일 동안 독을 먹여 죽게 한 후 그의 성기를 물어뜯는다.

작가가 이런 끔찍한 내용의 소설을 쓴 것은 아마도 고통에서 벗어나기 위한 몸부림이었을 것이다. 면밀히 살피고 검증하지 않으면 고통은 결코 줄어들지도, 해결되지도 않은 채 영원히 남아 사람의 영혼을 썩어 문드러지게 하기 때문이다. 그러나 소설 《에바의 남자 Eva's Man》는 그런 감정에 대한 검토와 성찰을 시도하지 않는다. 에바의 어린 시절, 그녀의 질을 아이스바 막대로 들여다본 여덟 살짜리 프레디 스무트부터 감옥 동기인 엘비라에 이르기까지 소설은 인간성이 박탈될 정도의 잔혹한 성적 행위들을 조각조각 모으고 피해자 한 명 한 명을 이어 보여준다.

그러나 자신—사랑받든 경멸당하든—과 적들—실제든 상상이든—이 감정적, 육체적 전장 한가운데서 벌이는 싸움을 묘사한다고 해서 미래가 달라지지 않는다는 것, 이는 억압이 빚어낸 비극이다. 소설 속의 파괴적인 인간의 모습은 감정 없이 그려지거나 이해나 맥락 없이 불쑥 불거져서 잔인한 사람들의 끔찍한 행동이라기보다는 마치 타락한 슬라이드 쇼가 반복 상영되는 듯하다. 그로 인해 소설 속 파멸은 우리의 분노를 자극하지도, 우리 자신의 일처럼 느껴지지도 않고 그저 안전하게 그려진다.

게일 존스의 첫 번째 소설 《코레지도라 Corregidora》의 주인공 얼사는 사회와 역사가 자신에게 강요한 틀을 벗어나 자신만의 자아를 찾기 위해 애쓴다. 비록 서툴러 실패로 점철되긴 하지만 말이다. 그러나 《에바의 남자》 주인공 에바 캐나다는 얼사처럼 자아를 탐색하지 않는다. 단지 채워지지 않는 배고픔과 상처, 그리고 무언의 복수심만을 지니고 있을 뿐이다. 거짓은 이미 너무 만연하고, 에바가 흑인 여성으로서 택할 수 있는 최선이라고 알고 있는 것은 오로지 고통과 거세뿐이다. 데이비스를 향한 에바의 마지막 행동은 추악해서 괴물처럼 느껴지는 것이 아니라 추악한 행동에 의미를 부여한다는 점에서 끔찍한 것이다.

그럼에도 불구하고 이 책은 주목할 만한 가치가 있다. 소설은 예리한 시선으로 허상 속에 숨겨진 현실을 드러낸다. 현실의 흑인 여성들은 계단에서 추행당하고 옥상에서 강간당하지만 자신의 목소리를 내지 못하고 후에 성장해서 흑인 남성의 성기를 물어뜯지도 못한다.

더러운 아이스바 막대기를 들었던 어린 프레디가 이별 선물로 에바에게 주머니칼을 줄 때 서로에게 말할 수 없었던 내용이 무엇인지 독자는 끝끝내 알 수 없다. 성장한 에바가 칼부림, 결혼, 살인에 이르는 과정을 밟아갈 때 독자는 소설 속에 드러나지 않는 무언의 내용을 상상하며 다음과 같은 의문을 가지게 된다. 에바는 공포에 굴복한 것인가? 그녀는 자신을 방어하느라 남편을 찌른 것일까? 안주하기 위해 결혼한 걸까? 욕망 때문에 살해한 걸까? 아니면 사랑 때문에? 이런 충돌들은 단지 무작위적으로 일어나는 폭력에 지나지 않는 것인가? 여성이 인간의 고통과 억압을 이해하기 위해서는 연이은 폭력만이 유일한 대체물이 될 수밖에 없는 건가? 절망스럽게도? 알 수 없다. 소설은 감정을 자극하는 방식으로 묘사된 만남만을 다루고 있으며 그 또한 늘 여성들의 부속물로 여겨진 피, 절망, 광기로 물들어 있다. 흑인 여성은 피해자이자 [남성을 죽이는] 여왕벌이라는 두 개의 쌍둥이 신화도 어김없이 등장한다.✿

인간에 대한 깊은 이해가 부족한 이 소설은 짐승 같은 취급을 당하는 우리 자매들에게 비록 우리가 자신을 파괴하긴 하지만 그리 많이 상처입지는 않을 거라고 말하는 듯하다. 《에바의 남자》는 체험적이라기보다는 발생한 일만을 감정 없이 사건으로 전달하는 데 그침으로써 남성의 성기를 물어뜯는다면 마음속 끔찍한 공백이나 사랑 없는 공허함을 채울 수 있을 거라고 말하는 듯하다.

여성과 여성 사이의 의미 있는 만남은 냉정하게 그려지거나 절망적이리만치 경멸적 어조로 다루어진다. 남부로 가던 중 에바는 엄마의 오랜 친구의 딸인 샬럿과 함께 숲을 산책한다. 샬럿은 에바와 친해지기 위해 노력하지만 에바는 남자아이들

✿   희생자이자 여왕벌로서 흑인 여성 이미지는 인종차별의 상황을 견디며 살아온 실제 흑인 여성들을 통제하기 위해 만들어낸 것이라는 점에서 신화이다.—옮긴이

과 "그 짓을 하는 것"이 안전하다고 생각하며 샬롯의 호의를 경계하며 거절한다. 후에 감옥에서 에바의 감방 동료인 엘비라는 에바가 자신이 살해한 남자에 대해 가지고 있는 성적인 환상에서 벗어날 수 있도록 가혹하다 싶을 만큼 끈질기게 도움을 주려고 한다. "널 위해 내가 해줄게." 이 말을 통해 우리는 두 여성이 맺은 관계의 정도를 짐작할 수 있다.

근친상간과 성적 학대, 그리고 구강 거세는 환상을 부추기는 자극제들이며 복수 또한 마찬가지이다. 하지만 그것들은 어떤 여성들에게는 표면적인 삶 아래 맞닿아 있는 끔찍한 현실들이며 따라서 진지하고 통찰력 있게 다루어져야만 한다. 무엇보다 그런 주제들은 감정적으로 정직하게 다루어져야 하지만 소설에서 진솔함은 찾아보기 힘들다. 《에바의 남자》에서 독자는 면밀한 탐구의 자세 대신 만화 같은 평면적 묘사만을 발견한다.

《에바의 남자》를 읽은 날 나는 《뉴욕타임스》 뒷면에 실린 한 편의 기사를 읽었다. 세 명의 십 대 자매 중 두 명이 친부의 아이를 출산했다는 내용이었다. 세 자매는 위탁 가정에 있었지만 부모에게 돌아가고 싶다고 애원했고 결국 법원의 결정에 따라 부모에게 돌아갔다.

사랑이 결핍된 여성과 인간 쓰레기라는 비극의 덩어리를 묘사하고 있다는 점을 제외하면 《에바의 남자》는 잘 쓰인 비인간적 소책자에 불과하다.

6

자기정의와 나의 시

좋은 시인은 그녀 혹은 그가 자기 자신이라 정의하는 다양한 정체성으로 글을 쓴다. 그 자아를 스스로 어떻게 인식하는지, 그리고 자신을 형성하는 다양한 부분을 얼마나 받아들일 수 있는지에 따라 시에 내 삶을 표현하는 방식이 정해진다. 강점이든 약점이든, 나의 삶이 작품을 통해 여러분 각자에게 어떻게 다가갈 수 있는지도 결정된다.

그리고 시간이야말로 무엇이 필요한지를 선명하게 드러내준다. 하지만 내가 나 오드리 로드를 먼저 정의하지 않는다면 외부가 분명 나를 규정할 것이다. 그리고 그 외부는 개인으로든 집단으로든, 우리 각자를 부정적으로 규정할 것이다.

그래서 나는 삶과 시를 분리할 수가 없다. 나는 나의 삶을 쓰고, 나의 작품을 살아간다. 그리고 나는 삶의 차이, 사랑의 차이, 일의 차이를 가로질러 다른 여성들에게 가닿고, 그들이 풍요로워지기를 바라는 데서 내 삶의 진실을 발견한다. 이런 차이들을 함께 나눌 때만 우리가 성장할 수 있기 때문이다. 성장은 차이들 속에서 발견된다. 이런 차이 속에서 성장할 때 나는 내 안의 많은 자아들, 내가 사랑하고 증오하는 것, 나의 강점과 실수들을 정직하게 말할 수 있다.

우리가 강해지려면, 강해지기 위해 필요한 건 무엇이든 해야 한다. 나는 이 신념에 따라 내 삶을 살고 있다.

하지점.*

지금 내가 여기서 하는 말은 우리가 지금 여기서 대화하는 동안 생성된 힘에 대해 조금이라도 갚고 보답하려는 것이다.

나는 끊임없이 새로운 자아를 형성하고 있다. 다른 이들처럼 나 또한 많은 상이한 부분들을 지니고 있기 때문이다. 다양한 자아들이 내 안에서 전쟁을 벌일 때 나는 한 발짝도 나아가지 못한다. 오직 그 자아들이 서로 조화롭게 움직이고 받아들여질 때만이 나는 풍요로워지며 강해진다. 내가 레즈비언이라는 이유로 흑인 여성들이 수업에 내 작품을 교재로 쓰지 않는다는 것을 알고 있다. 또 내가 두 아이—이들 중 하나는 남자 아이이고, 나는 둘 다 깊이 사랑한다—의 엄마라는 이유로 나에 관해 알지 못하거나 내 작품을 들어보지 못한 레즈비언들이 있다는 것도 알고 있다. 어쩌면 이 방에도 내가 흑인이라는 이유로 나와 내 비전을 감내하지 못하는 여성들이 있을 수 있다. 이러한 인종차별은 우리를 분리하는 맹목을 낳는다. 이때 '우리'란 스스로를 규정하며 모두가 함께 살 수 있는 세계를 만들어나갈 수 있다고 진정으로 믿는 사람들이다.

단언하건대, 나의 친구들이여, 우리의 자아 중 일부만을 이용하려고 하면서 그 외 다른 모든 자아는 망각하거나 파괴하라고 우리를 꼬드기는 사람이 언제나 있을 것이다. 미리 경고하지만, 그것은 곧 죽음과 같다. 여성으로서 우리의 죽음, 시인

✱　　Solstice, 로드의 시 제목이기도 하다. 이 시에서 로드는 살면서 여러 어려움을 겪고 그 어려움이 남긴 상처와 약점을 정면으로 다룸으로써 강인한 여성이 되었다고 노래한다.—옮긴이

　　　　　　　　　　　　　　2부 | 나의 글은 계속 존재할 것이다

으로서 우리의 죽음, 그리고 인간으로서 우리의 죽음이다.

자아든 다른 무엇이든, 규정하고자 하는 욕망이 존재를 확장하는 것이 아니라 제한하려는 욕망으로 이어질 때 우리의 진정한 모습은 드러날 수 없다. 스스로가 정의한 자아를 외부의 승인을 통해 강화할 수는 있겠지만 외부는 결코 우리의 자아를 규정할 수 없다. 타인이 내 시나 나의 가치를 매길 수 없다. 스스로 부여하는 가치나 내가 하기로 마음먹은 일을 해냈다는 느낌이 훨씬 중요하다. 흑인들, 여성들, 또 레즈비언들은 내가 지금 하는 말의 의미를 잘 알고 있을 것이다. 검은 것은 아름답지만** 다소 유행에 뒤처졌다. 그러나 나는 여전히 흑인이다. 미국에서 늘상 그래왔던 것처럼 여성운동 또한 어쩌면 곧 유행이 지날 수 있을 것이다. 그러나 나는 계속 여성으로 존재할 것이다.

잠깐. 여성이 여성을 사랑하는 것은 앞으로 유행이 되겠지만 아마 또 시대에 뒤떨어질 것이다. 그러나 그런 사실로 인해 내가 사랑하는 대상이 바뀌지는 않을 것이다.

그러니 기억하라. 그들이 당신이나 나를 공격할 때 당신이나 내가 흑인이고, 시인이며, 레즈비언이고, 어머니이자 연인이며 느끼고 행동하는 여성인가는 중요하지 않다는 것을. 중요

**   흑인은 아름답다Black is beautiful라는 구호는 흑인이 스스로를 긍정적으로 정의하는 출발점이며 1960~1970년대 흑인 민권운동의 주요 구호였다. 미국에서 아름다움의 기준은 백인이기 때문이다.—옮긴이

한 건 현실적으로 가장 위협적인 인권운동이 부상하는 이 순간에, 우리가 사랑하고 일하고 스스로를 정의할 권리를 함께하고 있다는 것이다.

7

팻 파커*의
《흑인의 운동》 서론

✿ Pat Parker, 미국의 흑인 여성, 두 딸의 어머니, 레즈비언 시인이며 흑인 여성 운동과 흑인 민권운동에 적극적으로 참여했다. 4년간의 폭력적 결혼생활에 종지부를 찍은 1960년대 후반부터 로드처럼 레즈비언 페미니스트임을 공개적으로 표명하고 시를 쓰며 활동한 몇 안 되는 퀴어 작가들 중 한 명이다. 로드는 파커를 1969년에 만나서 1989년 그가 작고할 때까지 가깝게 지냈다. 1978년에 출판된 파커의 네 번째 시집 《흑인의 운동Movement in Black》은 파커의 시집들 중 가장 많이 사랑받은 시집이기도 하다. 이 시집은 4부(결혼, 해방의 최전선, 레즈비언이라는 것, 사랑의 시들)로 이루어져 있다.—옮긴이

1969년 서부 해안[캘리포니아]으로 처음 여행을 떠난 마지막 날 밤, 나는 한 젊은 흑인 시인을 만났다. 손에 맥주를 든 채 시인의 눈에는 불꽃이 일었고 얼굴에는 미소와 언짢음이 뒤섞여 있었다. 시인이 내뱉는 말, 탁자 위, 냉장고 안, 침대 밑, 방 안을 돌아다니는 모습에 시가 묻어났다. 그 시인은 답을 찾는 것이 아니라 표현할 수 없는 질문들을 찾아 헤매고 있었다. 백인/이성애/남성 중심적인 세상 속에서 우리는 둘 다 흑인이었고, 레즈비언이었으며, 시인이었다. 우리는 함께 시를 나누면서 밤을 새웠다. 다음 날 우리는 대륙을 사이에 둔 채** 각자의 자리로 돌아갔고 그 후 몇 년 동안 나는 팻 파커가 쓴 두 권의 시집을 감탄하며 읽었고 때때로 파커가, 혹은 우리가 버텨낼 수 있을지 염려하며 지냈다. (흑인/시인/여성에게 버티며 살아남는다는 것은 성장한다는 것을 뜻한다.)

　　여기 사랑과 존경의 마음을 담아 팻 파커의 새 시집을 소개한다. 파커의 시는 다른 설명이 필요 없지만 오늘날 문단 내에서 역동적이고 독창적인 목소리를 대변하고 있음에도 문단에 팽배한 인종차별과 이성애중심주의로 인해 제대로 인정받고 있지 못하다는 점만은 밝혀두겠다.

　　나는 미국이 낳은 자식

**　로드는 동부인 뉴욕에서 살았다.─옮긴이

뒷방에서 키워진*

의붓자식이다

　한 줄의 시행 속에 망설임을 표현할 때에도 파커의 시는 흔들리지 않고 독자에게 다가가 그를 사로잡는다. 파커의 시는 매끄럽지 않아도 선명하고 날카롭다. 시의 이미지들은 핵심을 찌르고 시인이 제시하는 비전들은 군더더기 없이 명확하다. 불편할 수 있는 솔직함도 설득력 있게 표현한다. 시의 어휘들은 여자답고 타협을 허용하지 않는다.

　자매여! 그대의 발은 더 작지만

　계속 내 목을 누르고 있다.

　파커의 부드러움은 매우 직설적이다.

　여성의 몸은 말하도록 배워야 한다.

　평생 열쇠를 품고 사는 것에 관하여, 참을성 많은 영혼에 관하여

　그리고 시는 직설적인 만큼이나 부드럽다.

---

*　인종차별적 미국이 흑인들에게 부여한 공간은 뒷방이다. 흑인들은 정문 출입을 금지당하고 주로 뒷문으로 출입했다.—옮긴이

내 손은 크고

거칠고 굳은살이 박여 있다

마치 나의 엄마의 손처럼—

파커가 내는 흑인 여성의 목소리는 강철 같은 메아리처럼 진실하고 깊고 부드럽게 울려퍼진다. 그 목소리는 무자비하며 상처받기 쉽지만 널리 울려퍼진다. 시를 통해 파커는 자신의 약점과 강점을 모두 고백하며 결코 포기하지 않는다. 그래서 시인이 흐느껴 울 때조차도 시는 마음 깊숙한 곳에서 우러나오는 진정한 힘을 불러낸다.

구덩이는 끝을 알 수 없는 심연

나의 수치심에 건배

흑인 레즈비언 시인으로서 파커는 모든 여성이 견뎌온 오랜 갈등이 결코 단순하지 않다는 것을 인지하고 있다.

공포심으로 인해 침묵하는 자매들에게 파커의 시는 또렷하게 외친다. **나는 살아남았어! 나는 지켜보고, 나는 이야기하고 있어!**

8

나의 글은
계속 존재할 것이다

나는 진실을 직시할 때 그것을 말해야만 한다고 느낀다.
좋은 일들, 승리했던 일뿐만 아니라 고통도, 너무나 극심해서
도무지 줄어들지 않는 고통도 함께 나누어야 한다고 생각한다. ……
내가 하는 말이 틀렸다면 오드리 로드가 틀렸다고 말해줄 여성이
있으리라 믿는다. 하지만 내가 쓴 글은 계속 존재할 것이다.

젊었을 때 내가 듣고 싶은 것을 말해주거나 명심해야 할 것을 일러준 사람이 주위에 없었다. 나는 외톨이였고 가야 할 방향을 몰라 미칠 지경이었다. 다만 어딘가 분명히 나 같은 사람이 한 명쯤은 있을 거라고 생각했다.

어렸을 때 나는 말이 늦었다. 말할 수가 없었다. 다섯 살이 되어 말하기 시작했지만 제대로 말하기 시작한 건 사실 시를 읽고 쓰기 시작하면서부터였다. 나는 시를 통해 말하곤 했다. 시를 읽고 암기했다. "오드리, 어떻게 생각해? 어제는 뭘 했니?"라고 사람들이 물을 때면 나는 시로 답하곤 했다. 그 시 어디엔가 내가 공감하는 글귀나 감정이 있었다. 일상의 말보다는 실제로 시를 통해 사람들과 소통한 것이다. 내 마음을 대신 표현해줄 적당한 시를 찾지 못했을 때 직접 시를 쓰기 시작했다. 열두 살인가 열세 살 무렵이었다.

열다섯 살에 처음 시를 출간한 이후로 쭉 비평가들은 나를 특정한 역할에 가두고 싶어 했다. 헌터고등학교의 국어 선생님들은 내가 출품한 시가 지나치게 낭만적이라며 학교 교지에 실어주지 않았다. (그 시는 첫사랑인 남자아이에 관한 연애시였다.) 그래서 그 시를 《세븐틴》이라는 잡지에 보냈고, 그 잡지는 물론 기꺼이 내 시를 실어주었다.

비평가들은 항상 나를 특정한 역할에 가두고 싶어 한다. 사람들은 늘 시인은, 특히 흑인 여성 시인은 상대하기 쉽다고 여긴다. 그들은 자기들 입맛대로 흑인 여성 시인을 분류하고, 활동 영역을 제한한다. 나는 어느 범주에 귀속되어야 할지 몰랐고, 그 모호함은 늘 내 약점인 동시에 강점이 되었다. 약점인 이유는 어디에도 속하지 않고 독립적이기 위해 수많은 지지와 응원을 포기해야 했기 때문이다. 하지만 그 모호함 덕택에 내가 버틸 수 있었다는 점에서 강점이 되기도 했다. 나는 나를 이루는 모든 것이 나를 완전하게 하며, 내가 세상에 대해 가지고 있는 비전들을 실현시키기도 한다는 점을 알았기에 여러 일들을 겪으면서도 버텨 살아남았고, 작품을 계속 써나갈 수 있었다.

나는 11년 전[1968년] 미시시피주 투갈루대학교에서 초청 작가로 흑인 청년들과 함께 워크숍에 참여한 적이 있다. 그 경험은 여러 가지로 내게 의미 있는 작업이었다. 1968년에 내 첫 시집이 출판되었기 때문이기도 하고, 남부 내륙으로의 첫 여행이었고, 또 처음으로 딸과 아들과 떨어져 지내야 했기 때문이다. 시 창작 워크숍이라는 기회를 통해 젊은 흑인 학생들과 만난 것도 그때가 처음이었다. 투갈루에서의 경험을 통해 가르치기가 나의 소명이며 가르치기와 글쓰기는 긴밀히 맞물려 있다는 것을 깨달았다. 그곳에서 앞으로 남은 삶 동안 내가 하고 싶은 일을 찾았다.

그 전까지 나는 도서관 사서로 일하면서 글을 썼다. 투갈루에서의 경험으로 비록 내가 책을 사랑하긴 하지만 도서관 사서만으로는 충분치 않다는 것을 깨달았다. 글쓰기가 내 삶의 중심이어야 했다. 투갈루에서 지낸 후 일어난 일련의 사건들,

예를 들어 마틴 루서 킹의 죽음, 케네디 대통령 암살, 그리고 [절친한 친구] 마사의 교통사고 등을 겪으며 인생은 길지 않고 따라서 우리가 해야 할 일이 있다면 바로 지금 실행해야 한다는 사실을 깨달았다.✿

투갈루 이후로는 시 창작 워크숍 초청 작가로 일한 적이 없다. 《블랙 유니콘》[1978]에 실린 〈출장Touring〉이란 시에 그때 느꼈던 감정들을 상당 부분 담았다. 나는 가끔 시 낭독회를 한다. 씨앗을 뿌리고 떠나면서 그 씨앗들이 무엇으로 자라나든 싹을 틔우길 희망한다. 싹이 튼 것을 발견할 때도 있지만 그렇지 못할 때도 있다. 그래도 무엇으로든 싹을 틔울 거라고 믿을 뿐이다.

내가 글을 쓰는 주된 이유는 겁에 질려 말하지 못하고 자기 목소리를 내지 못하는 여성들을 위해서다. 그들은, 우리는, 우리 자신이 아닌 두려움에 복종하라고 교육받아왔기 때문이다. 여성들은 두려움을 갖도록 교육받았지만 우리는 스스로를 존중하고 자신의 필요를 살피는 법을 **반드시** 배워야 한다.

✿   로드는 마사에 대해 여러 편의 시를 썼다. 마사를 제목으로 한 두 편의 시는 《블랙 유니콘》(〈마사에게: 새해〉, 송섬별 옮김, 움직씨, 2020, 82쪽)과 《분노의 도화선Cables to Rage》(1970)에 실려 있다. 《분노의 도화선》에 실린 시 〈마사〉는 절친한 친구 마사가 교통사고를 당한 후 병상을 지키며 로드가 느낀 고통을 탐구한 시이다. 또한 이 시는 로드가 자신의 레즈비어니즘을 분명히 드러낸 시로도 평가받는다. 로드 전기 참조(Alexis De Veaux, *Warrior Poet: A Biography of Audre Lorde*, W. W. Norton Company, 2004, pp. 100~104).—옮긴이

1940년대와 1950년대 흑인 문학계에서 나는 내 라이프스타일과 동성애에 대한 소문들로 인해 기피 인물이었다.*

내가 일일이 어떤 사람인지 공개적으로 밝히지 않기 때문에 사람들은 내게 많은 기대를 하는 것 같다. 하지만 나는 그 기대치에 미치지 못한다. 나는 가능한 한 많은 사람이 내 작품을 이해하고, 있는 그대로의 나를 받아들이기를 희망한다. 그리고 내 작품에서 삶에 유용한 무엇인가를 찾기를 희망한다. 만약 사람들이 이해할 수도 없고 유용한 것을 찾지도 못한다면 우리는 모두 패배자로 남을 것이다. 그렇다 하더라도 어쩌면 그들의 아이들은 가능할지도 모른다. 내가 누구인지 온전히 이해하는 것이 적어도 내게는 매우 필요하며 생산적인 일이었음을 누누이 강조해왔다. 나 자신의 일부분만으로는 온전한 내가 될 수 없다. 나는 단순히 흑인으로만 존재하지 않고 여성으로만 존재하지도 않는다. 여성으로 존재하기 위해 레즈비언임을 부정할 수도 없다. 나는 여성이면서 동시에 레즈비언이기도 하다……. 물론 내 주위에는 언제나 "이봐, 이런저런 식으로 너를 정의해봐"라고 말하며 그 외 내 다른 모습을 지우라고 말하는 사람들이 있었고, 앞으로도 늘 있을 것이다. 나 자신을 지우는 것은 내 스스로에게도 부당한 일이지만 내가 글을 쓰는 이유이

---

*   로드는 고등학교를 졸업한 이후부터, 이제는 퀴어운동의 요람이 된 그리니치 빌리지의 게이 바를 드나들며 일차적으로 레즈비언으로서 자신을 정체화했다. 자세한 내용은 로드의 자서전 《자미》(송섬별 옮김, 디플롯, 2023)를 참조.—옮긴이

기도 한 여성들에게도 부당하다. 그리고 모든 사람에게 부당한 일이 될 것이다. 편리한 것, 유행하는 것, 혹은 사회가 기대하는 것에 자신을 끼워맞추어 규정하게 될 때 결국 남는 건 침묵이 용인한 거짓말뿐이다.

미국에서 흑인 작가들이 그렇듯, 당신이 속한 문학 공동체가 외부로부터 침묵을 강요받는다면, 그리고 '흑인성'이 무엇이고 무엇을 필요로 하는지에 관한 일방적인 정의와 같은 것을 암묵적으로 강요받는다면, 우리의 가장 역동적이며 창의적인 재능은 고통스럽고 효과적으로 침묵하게 될 것이다. 공동체 내부에서의 변화와 발전은 우리 사이의 차이를 인정하고 그것을 활용하는 데서 시작되기 때문이다.

나 자신도 수년 동안 흑인 문학 공동체에서 침묵을 강요받았고 이런 침묵의 희생자가 나만은 아니다. 이런 일은 지금도 지속된다. 내 작품의 **질적** 수준을 따지는 사람은 더 이상 없을 것이다. 그렇다면 최근 시집인 《블랙 유니콘》이 출간된 지 13개월이 지나도록 흑인 신문이나 잡지에서 한 번도 언급되거나 제대로 된 리뷰를 받지 못한 이유가 무엇일까?

나는 진실을 직시할 때 그것을 말해야만 한다고 느낀다. 좋은 일들, 승리했던 일뿐만 아니라 고통도, 너무나 극심해서 도무지 줄어들지 않는 고통도 함께 나누어야 한다고 생각한다.

나는 내가 마흔 살까지 살 수 있을 거라고 한 번도 생각해본 적 없지만, 보라, 나는 이제 마흔다섯 살이 되었다! "이봐, 나는 진짜 해냈어!"라고 말하고 싶다. 유방암, 누구나 죽는다는 사실, 그리고 죽어감의 문제를 온전히 직면하게 되어 정말 기쁘다. 고통과 두려움 탓에 나는 평생을 침묵한 채 죽음을 맞이할 수도 있었다. 그리고 내가 하고 싶고, 해야 하는 말과 행동을 하지 못했을 수도 있었다. 이 사실들은 그것을 떠올리는 것만으로도 힘든 기억이지만 분명 내게 힘이 된다……. 만약 내가 옳다는 생각이 들 때까지 말하는 것을 주저하고 있었다면 나는 알아듣기 어려운 점괘 같은 말들이나 하고 싶은 말과 반대되는 엉뚱한 불만들을 쏟아냈을 것이다.

내가 하는 말이 틀렸다면 오드리 로드가 틀렸다고 말해줄 여성이 있으리라 믿는다. 하지만 내가 쓴 글은 계속 존재할 것이다. 다른 여성이 내 글을 언급하거나 생각과 행동을 자극하며 계속 그렇게 존재할 것이다.

흑인 남성 작가들은 독자의 공감을 불러일으키기 위해 분노에 차 목소리를 높인다. 반면에 흑인 여성 작가들은 고통과 사랑을 극적으로 생생하게 표현하는 경향이 있다. 여성 작가는 감정을 이성적으로 이해시키기보다 감정 그 자체를 묘사하는 데 초점을 둔다. 그래서 사랑은 종종 고통과 동일시된다. 정말 필요한 것은 내가 겪는 고통을 직시하고 진실을 지켜보면서도 눈감아버리지 않고 살아내는 것이다. 나아가 경험한 고통을 과연 활용할 수 있을지 결심하는 것도 필요하다. 우리 자신에게 되물어야 하는 것은 이런 소중한 결심들이다. 언제가 될

지 알 수 없어도 어느 지점에선가 고통이 끝날 것이고 그때 우리는 그것을 놓아주게 될 것이다. 고통을 두려워해서는 안 되지만 고통 그 자체를 목적으로 삼아서도 안 된다. 피해자임을 찬양해서는 안 된다. 흑인임을 이야기하는 다른 방법들이 있을 것이기 때문이다.

고통에 대한 반응에는 두 가지가 있다. 둘은 다소 구분하기 까다롭긴 해도 한편으로 매우 분명하게 구별된다. 몇몇 흑인 여성 작가들의 작품을 통해 이 차이를 찬찬히 살펴보자. 내 작품에도 이 두 가지 태도가 공존한다. 유념해야 할 것은 고통은 그 자체로 존재 이유가 될 수 없다는 점이다. 고통은 삶의 일부이다. 유일하게 견딜 수 없는 고통은 아픔을 통해 아무것도 배우지 못하는 소모적인 고통이다. 우리는 이 두 가지를 구분하는 법을 배워야 한다.*

저항은 우리가 사는 일상의 모순과 공포를 느낄 수 있도록 사람들을 일깨우는 참된 수단이다. 사회적 저항은 우리가 현재 살아가는 방식 외에 다른 삶의 길도 있음을 알려준다. 우리가 깊은 감정을 느끼면서 자신뿐 아니라 다른 사람들도 깊은 감정을 느끼도록 서로 격려할 때, 또 그 느낌 안에서 우리가 깊

---

* 로드는 《시스터 아웃사이더》에서 고통과 (성찰하고 활용되지 못한 채 반복되는 고통인) 괴로움을 구분하면서, 삶의 일부로서 고통을 다루는 방법을 논의한다. 자세한 내용은 해당 책의 〈서로의 눈동자를 바라보며〉 참조(특히 6절, 327~334쪽).—옮긴이

이 사랑하고 진정 기쁠 수 있고 깊은 감정을 느낄 수 있음을 깨닫게 될 때, 우리는 우리 삶의 모든 부분에서 이런 종류의 기쁨을 느낄 수 있기를 요구하게 된다. 그리고 만약 그 기쁨을 누리지 못한다면 우리는 "왜 그렇지?"라고 질문할 것이다. 이 질문을 던질 때 우리는 변화를 향해 나아갈 수 있다.

사회적 저항과 예술은 떼어 생각할 수 없다. 둘은 양자택일의 사안이 아니다. 내게 예술을 위한 예술은 과거에도 없었고 현재에도 존재하지 않는다. 잘못된 일을 목격하면 나는 그것을 소리 높여 말해야만 했다. 나는 시를 사랑하고 글을 사랑했다. 그러나 아름다운 것은 내 삶을 변화시키는 데 활용되어야 했다. 그렇게 하지 못한다면 차라리 죽는 편이 나았다. 만약 이 고통을 드러내지도, 변화시키지도 못한다면 나는 그로 인해 죽을 것이 분명하다. 그리고 그것이 바로 사회적 저항의 시작이다.

고통은 그렇다 치고, 사랑은 어떨까? 당신이 30여 년 동안 사랑에 관해 시를 써왔다면 후기에 쓴 시들이야말로 당신의 경계를 확보하며 '핵심'을 찌를 것이다. 그 시들은 당신이 겪어온 일들을 증언하는 참된 사랑에 관한 시들이다. 나는 이 후기 시들이 참 좋다. '분명히 말하지만 우리는 사랑하는 연인이야. 서로를 온전히 계속해서 거듭 사랑하는 사람들이지. 우리는 새로운 존재로 다시 태어났어'라고 말해주는 시들이기 때문이다. 사랑 시들은 사랑하는 것이 투쟁하고 죽고 상처 입히는 것과 다를 바 없지만 그래도 궁극적으로 사랑이 승리한다고 말한다. 사랑은 강력하고 강인하다. 그리고 나는 이런 감정을 통해, 특히 사랑할 수 있는 역량을 통해 많이 성장하고 있음을 느낀다.

여성들 간의 사랑은 각별하고 강력하다. 살기 위해서 우리는 사랑해야만 했고 사랑이 곧 우리의 생존이었기 때문이다.

우리는 이성애적 사랑을 '보편적인 사랑'으로 여긴다. 그러나 나는 내 작품에서 문학에 보편적인 사랑 같은 것은 없다고 주장한다. 이 시에는 이런 형태의 사랑이 있을 뿐이다. 이 시는 시인인 나 오드리 로드가 **'보편적인 것'** 대신 특수한 것을 다루며 쓴 것이다. 인간이자 시인으로서 나의 능력은 나 자신으로부터 생겨난다. 나는 특별한 사람이다. 내가 만난 사람들, 내가 살아 있음을 느끼게 해주고 살 수 있도록 도와준 사람들, 그리고 내가 지켜주었던 사람들을 통해 나는 특수한 정체성을 가지게 되었고, 그것이 내 에너지의 원천이 되었다. 내 예술에서 삶을 다루지 않는다면 그것은 내 힘의 원천을 차단하는 것이다.

나는 사랑 시 쓰기를 좋아한다. 나는 사랑하는 것을 좋아한다. 시가 아닌 다른 형식의 글로 사랑의 힘을 나누기 위해 〈성애의 활용: 성애의 힘에 대하여〉라는 에세이를 썼다. 이 글에서 나는 온전하게 사랑하기란 모두 분명한 표현의 행위라는 점을 면밀히 논의한다. 사랑은 거대한 힘의 원천이며 그래서 중요하다.

성애적 욕구는 분명 여성적인 것으로 여겨져왔음에도, 여성은 성애적 욕구를 존중하는 법을 배우지 못했다. 어떤 흑인들은 흑인성이 열등한 것으로 치부되기 때문에 흑인성을 거부하곤 한다. 마찬가지로 우리 여성들은 느낄 수 있는 능력, 사랑할 수 있는 능력, 에로틱한 것을 감지할 수 있는 능력이 평가절하되었다는 이유로 이것들을 거부하는 경향이 있다. 그러나 평가절하된 이 능력 속에 우리의 힘, 긍정하는 능력, 비전을 제시하는 능력이 놓여 있다. 우리가 얼마나 깊이 느낄 수 있는지를 일단 인지하면, 우리는 우리가 삶에서 추구하는 모든 것들에 그 정도 깊이의 느낌을 따르기를 요구할 수 있다. 그 요구가 충족되지 않을 때 우리는 반드시 질문을 제기하게 된다. 왜……, 왜……, 왜 나는 끊임없이 자살의 충동을 느끼지? 무엇이 잘못됐지? 내가 문제인가? 아니면 내가 하고 있는 일들이? 우리는 이런 질문들에 답해야 한다는 것을 느끼기 시작한다. 하지만 무엇이 기쁨인지 알지 못하고 우리의 능력이 어디까지인지 알지 못한다면 이 질문들에 답할 수 없다. 오랫동안 햇빛 없이 어둠 속에 산 사람들은 밝은 햇살을 향유하지 못하며 햇살이 지나치게 강하다는 것이 어떤 느낌인지 알지 못한다. 햇살의 강도는 햇빛이 있을 때라야 측정할 수 있다. 기쁨 또한 마찬가지이다.

나는 규칙적으로 일기를 쓴다. 내 시의 상당 부분은 일기를 바탕으로 한다. 일기는 내 시의 원료이다. 간혹 초고가 그대로 한 편의 시로 완성되는 감사한 순간도 있지만 시 한 편을 쓰는 데 2년이 걸릴 때도 있다.

시를 수정할 때 기본적이긴 하지만 상이한 두 과정이 있다. 한 과정은 시가 아직 완성되지 않았다고 인식하는 것이다. 즉 시가 닻을 내린 진실이나 느낌이 아직 내 안에서 명확하지 않아서 무언가 부족하다는 의미이다. 그럴 경우 그 시를 다시 느껴야 한다. 그보다는 좀 더 쉬운 다른 과정이 있다. 시의 형태로 완성되긴 했지만 다소 거친 면들이 있어 다듬을 필요가 있는 것이다. 이런 종류의 수정은 시가 지닌 느낌을 그대로 유지하면서 좀 더 강력한 이미지를 골라 재단하기만 하면 된다. 이 과정은 다시 쓰기라 전자의 다시 느끼기보다 수월하다.

나는 일기에 느낀 것들을 주로 쓴다. 이름 붙이기도 애매한, 시작도 끝도 없는 감정들. 오가다 듣게 되는 구절들. 내가 보기에 근사하고 나에게 즐거움을 주는 것들. 어떤 경우는 단지 세상에 대한 관찰들을 적어둘 때도 있다.

나는 내가 죽어가고 있다고 느끼던 시기를 겪었다. 1975년이었다. 어떤 시도 쓰지 않았고 시를 쓸 수 없어서 온몸이 찢어질 것 같았다. 일기는 적고 있었지만 시는 단 한 편도 나오지 않았다. 이제 돌아보니 그때가 내 삶의 전환점이었고, 나는 그 시기에 제대로 대처하지 못했다.

그다음 해에 일기장을 다시 들여다봤을 때 거기 적어둔 그대로 출판해도 좋을 아주 멋진 시들을 발견했다. 그것들의 상당 부분이 《블랙 유니콘》에 실렸다. 〈해리엇〉, 〈후유증〉, 〈살아남기 위한 기도〉가 바로 그 일기에서 나온 시들이다. 그전에는 그 시들이 보이지 않았다.

〈힘〉이란 시도 그 일기에 있었다. 경찰이 쏜 총에 맞은 열 살 흑인 아이 클리퍼드 글로버에 대해 쓴 시이다. 흑인 여성이 배심원으로 참여한 가운데 그 경찰은 무죄판결을 받았다. 실제로 토마스 오셰아라는 그 경찰이 무죄를 선고받았다는 뉴스를 라디오에서 들었을 때 나는 88번가를 운전하다가 차를 멈춰 세워야만 했다. 분노가 치밀어 하늘이 붉게 보일 정도였다. 너무나 고통스러워서 차를 벽에 처박거나 옆에 보이는 사람을 차로 치고 싶었다. 그래서 차를 한쪽 길가에 세웠다. 내 분노를 발산하고 손끝에서 그 분노를 끄집어내기 위해 일기장을 집어들었다. 내 시 〈힘〉은 그렇게 지어졌다. 물론 일기장에 쓴 글과 실제 시는 많이 다르다. 일기장에 이런저런 것들을 적지만 때로 너무 많은 고통과 분노로 인해 읽기 힘들 때가 있다. 그럴 때는 일기장을 다른 한쪽에 밀어놓고 반년 혹은 1년 후에 다시 집어든다. 그때 일기장에는 시들이 있기 마련이다. 일기의 내용이 어떤 형태로든 내 생활과 삶에 녹아들어갈 때 일기장에 쓴 것들을 시로 완성할 수 있다.

예술은 삶이 아니다. 예술은 삶을 활용한다. 예술가는 그 삶을 특정한 방식으로 활용해 예술로 빚어내는 능력을 지니고 있다.

미국 흑인 문학은 분명 삶을 살아낸 경험으로 여기는 아프리카 전통을 이어받고 있다. 이 전통은 우리 자신을 생명력의 일부로 본다는 점에서 상당 부분 동양철학과 유사하다. 가령 우리는 공기나 대지와 연결되어 있는 존재이다. 우리는 전체 생명 과정의 한 부분이며 세계 전체와 어울려 교감하며 살아간다. 비록 힘들고 고통스럽긴 하지만 삶은 해결해야 할 골칫거리 문제가 아니라 경험이다. 그 경험을 온전히 살아내며 대응할 때 바로 거기서부터 변화가 일어난다.

이런 경우가 아프리카 문학에서 흔히 발견된다. 치누아 아체베, 아모스 투투올라, 시프리언 에퀜시Cyprian Ekwensi, 플로라 응와파Flora Nwapa, 아마 아타 아이두Ama Ata Aidoo의 글에서 나는 많은 것을 배웠다. 흑인이자 미국인인 레슬리 레이시Leslie Lacy는 가나에 잠시 체류하는 동안 이런 초월을 경험했고 그 경험을 자신의 저서 《바람직한 흑인의 흥망The Rise and Fall of a Proper Negro》에 담았다. 이때의 초월은 고통이나 잘못을 회피하지 않고 삶의 일부로 받아들여 교훈을 얻는 것이다. 초월을 이런 의미로 해석하는 아프리카 문화의 특성은 미국 흑인 문학의 빼어난 작품들에도 옮겨가 스며들었다.

이런 초월적 사상은 랠프 엘리슨의 작품에서도 나타나며 내 기대에는 다소 미치지 못하지만 제임스 볼드윈의 작품에서도 일정 부분 드러난다. 최근에 읽은 소설 중 **가장 훌륭한** 소설인 토니 모리슨의 《술라》에는 이런 초월이 너무나 확연하게 표현되었다. 모리슨이 《솔로몬의 노래》로 어떤 상을 받는지 관심 없지만 《술라》는 정말 최고의 작품이다. 그 소설은 마치 크리스마스 트리처럼 내 안을 환하게 밝혀주었다. 이 소설에서 나는 특히 아웃사이더에 관한 생각에 공감했다. 모리슨은 이 소설을 세상에 그냥 내놓았다. 그저 내놓았을 뿐이다. 이 책은 한 편의 긴 시와 같다. 술라는 우리 시대 대표적인 흑인 여성으로, 자신의 힘과 고통에 갇힌 인물이다.

경험과 통찰을 함께 나누는 것은 중요하다. 그런 면에서 나의 책 《암 일지^{The Cancer Journals}》는 내게 매우 중요하다. 이 책은 세 부분으로 나뉜 산문 형태의 독백으로 내가 겪은 유방 절제 수술과 그 후유증을 다루고 있다. 분노, 공포, 불안. 동시에 피할 수 없는 죽음에 직면해서 생겨나는 힘에 관한 책이다. 통계 자료 외에는 유방 절제술에 관해 알 수 있는 글이 거의 없다는 사실을 알았을 때 당신은 어떻게 해야 할까, 아무 일도 없는 것처럼 행동해야 할까? 나는 흑인 여성들을 위한 새로운 페미니즘적 관점에서 유방 절제술의 전 과정을 글로 남길 필요가 있다고 생각했다. 《암 일지》는 그렇게 시작되었다.

최근 많은 흑인 여성 작가들이 남성 작가들과는 다소 다른 관심사들을 다루고 있다. 여성 작가들은 흑인 삶의 부정적인 측면이 전적으로 인종차별에서 기인한다고 보지 않는다. 때로 흑인 여성 작가들은 흑인 남성들에게도 책임이 있다고 주장한다. 남성 작가들은 이 여성 작가들을 문단의 깜찍이들^{darlings}이라고 부르며 방어적으로 대응하곤 한다.

미국 백인들의 실수를 되풀이하는 것이 미국 흑인들의 운명은 아니다. 하지만 병든 사회에서 과시적인 성공을 유의미한 삶의 기호로 오인한다면 우리는 백인의 실수를 반복하게 될 것이다. 흑인 남성이 '여성성'을 고리타분한 유럽식 용어로 정의하면서 그런 실수를 반복한다면, 그것은 한 개인으로서의 생존은 물론이고 우리 인종 전체의 생존에 악영향을 미칠 것이다. 흑인의 자유와 미래를 위한다면서 지배적인 백인 남성의 병폐를 답습해서는 안 된다.

흑인으로서 우리는 **남성 특권**이라는 억압적인 본질을 부정하며 대화를 시작해서는 안 된다. 흑인 남성이 계속 특권을 누리면서 무슨 이유로든 여성을 강간하고 학대하고 살해한다면, 우리는 흑인 남성의 억압을 더 이상 좌시할 수 없다. 자신이 억압받는다고 다른 이를 억압하는 것이 정당화될 수는 없기 때문이다.

한 민족으로서 우리 흑인은 공통으로 겪은 억압을 종식하고 모두가 함께 살 수 있는 미래를 향해 나아가도록 노력해야 한다. 백인 남성의 특권이 지배적인 사회에서, 앞에서 언급한 상황들을 흑인 남성의 잘못으로만 돌린다면 그것은 근시안적 생각이다. 하지만 흑인 남성들도 성차별과 여성혐오가 흑인 남성의 해방에 아무런 도움이 되지 않는다는 사실을 깨달을 필요가 있다. 성차별과 여성혐오는 인종차별과 동성애혐오와 동일한 뿌리에서 나오기 때문이다. 그 세계관은 차이를 용인하지 않는다. 이 연결고리를 파악하면 흑인 남성들은 성차별과 흑인 여성에 대한 폭력이 흑인 해방을 향한 투쟁에 걸림돌이 되는 핵심 사안임을 인식하게 될 것이다. 흑인 남성들은 흑인 여성에 대한 성차별이 흑인 해방의 대의와 아무런 관련이 없다고 여겨서는 안 된다. 이런 인식의 변화 없이는 흑인 여성과 흑인 남성은 하나의 민족으로서 생존에 절대적으로 필요한 대화를 시작조차 할 수 없다. 우리 사이의 이런 반목은 결국 우리를 억압하는 체제를 지속시키는 데 기여할 뿐이다.

나는 나 자신을 위해 글을 쓴다. 그리고 나의 아이들과 내 작품을 읽는 많은 독자를 위해 글을 쓴다. 여기서 내가 말하는 나 자신이란 내 육체에 깃든 오드리뿐만 아니라 **당차고, 거침없고, 아름다운 흑인 여성들**을 뜻한다. 이런 흑인 여성들은 모두, **나는 여기 존재한다**[I am], 당신은 나를 지워버릴 수 없다고 당당하게 말한다. 나라고 말하는 자신이 미국 사회에서 아무리 거슬리는 존재라 하더라도 말이다.

나는 나 자신에게뿐만 아니라 내가 이야기하는 것을 읽고 느끼고 필요로 하는 사람들, 그리고 나를 따르는 남성들과 여성들에게 책임감을 느낀다. 누구보다 여성들에게 가장 큰 책임감을 느낀다. 남성들은 자신들을 대변하는 이들이 많다. 그러나 여성, 특히 흑인 여성들을 대변하는 목소리는 거의 없으며, 특히나 의식의 심장부에서 우러나오는 말을 하면서 **나**에서 **우**

2부 | 나의 글은 계속 존재할 것이다

리로 옮겨가는 목소리는 더더욱 없다.

　젊은 흑인 여성 작가 세대와 나는 무엇을 나눌 수 있을까? 그들은 내 경험을 통해 무엇을 배울 수 있을까? 나는 그들에게 느끼는 것을 겁내지 말고, 느끼는 것에 관해 쓰는 것을 두려워하지 말라고 말할 것이다. 두렵더라도 어쨌든 해보라고. 지친 가운데서도 일하는 법을 배우듯, 우리는 두려움 속에서도 쓰는 법을 배울 수 있을 것이다.

9

《색깔 드러내기: 역사의 흔적을 따라가는 아프리카계 독일 여성들》영문판 서문*

✿ 첫 단락을 제외하고 이 장의 초반부는 《빛의 폭발A Burst of Light》에서 1984년 5월 23일 자 일기로 처음 발표되었다. 그러다 이 글이 1986년 독일어판 《색깔 드러내기Farbe bekennen》 서문이 되었고, 이를 증보한 글이 다시 1992년 영문판 《색깔 드러내기Showing Our Colors》 서문으로 실렸다.

1984년 봄, 나는 석 달 동안 베를린자유대학교에서 독일 학생들을 대상으로 미국 흑인 여성 시 강의와 시 창작 워크숍을 이끌었다. 둘 다 영어로 진행된 수업이었다. 이 여행의 목적 중 하나는 독일 흑인 여성들을 만나는 것이었다. 베를린에 독일 흑인 여성이 꽤 많다고 들었기 때문이다.

독일에 사는 이 디아스포라 여성들은 누구일까? 각자가 겪은 구체적인 억압 양상은 차치하고라도—물론 구체적인 양상들도 참조하긴 하지만—각자의 차이를 넘어서 같은 유색인 여성으로서 우리가 만나는 지점은 어디일까? 아프리카계 독일인과 아프리카계 미국인이라는 동일성을 지닌 차이로부터 우리는 어떤 유용한 것을 배울 수 있을까?

아프리카계 독일인. 내가 베를린 워크숍에서 만난 여성들은 이 용어를 들어본 적이 없다고 말했다.

내 강의를 들은 한 흑인 학생에게 자라는 동안 자기 자신에 관해 어떻게 생각했는지 물었다. 그 학생은 "다른 독일인들이 우리를 부른 말 중에 가장 좋은 게 '전쟁둥이'였어요"라고 말했다. 하지만 독일 흑인의 대다수는 2차 세계대전과는 아무런 관련이 없다. 사실 독일의 흑인들은 그보다 수십 년 앞서 존재했다. 내 강의에서 만난 몇몇 흑인 여성들의 조상은 1890년대까지 거슬러올라간다.

나에게 독일 흑인은 메이와 카타리나의 환한 얼굴로 기억된다. 아버지의 고국, 비교, 기쁨, 실망 등을 주제로 신나게 대화를 나누던 그 표정들 말이다. 한 흑인 여성이 내 강의실로 들어와 새로운 자기인식의 여정을 시작하면서 처음의 과묵함을 버리고 다른 흑인 여성들과의 관계 속에서 그녀 자신을 새로운 방식으로 깨달아가는 과정을 지켜보는 것도 또 다른 기쁨이었다.

그녀는 "예전에는 아프리카계 독일인을 한 번도 긍정적인 개념으로 생각해본 적이 없었어요"라고 말하면서 이름 붙일 수 없는 차이를 겪으며 살아야 했던 고통을 이야기했다. 그리고 자기성찰을 통해 그 차이로부터 힘을 벼려낼 수 있다는 것을 우리에게 보여주었다.

나는 이 여성들의 정체성이 싹트고 만개하는 것을 보며 너무나 즐거웠다. 그들은 "우리는 우리 스스로가 정의하는 대로 우리 자신으로 존재하리라. 우리는 당신들의 상상의 산물도, 당신들의 욕망에 부응하는 이국적인 해결책도 아니다. 우리는 당신의 욕망의 주머니에 붙어 있는 장식물이 아니다"라고 말한다. 이 여성들은 다른 아프리카계 유럽인, 아프리카계 아시아인, 아프리카계 미국인들과 협력해 국제적 변화를 이끌어갈 성장 동력이 될 것이다.

우리는 하이픈으로 연결된 디아스포라들이다. 우리가 우리 스스로 정의한 정체성은 더 이상 우리의 출신 국가들이 숨기고 싶어 하는 비밀이 아니며, 힘과 연대의 선포를 상징한다. 우리는 지금껏 세계가 들어보지 못한 연합 전선을 구축할 것이다.

이 흑인 여성들 중 몇몇은 어린 시절부터 겪어온 공포와 소외에도 불구하고 오늘날 독일의 많은 백인 페미니스트들이 직면하는 감정적 딜레마로부터 자유롭다. 나는 독일 백인 여성들이 국가적 죄책감으로 인해 무력해져 자신의 신념에 따라 행동하지 못하는 것을 자주 목도했다. 그들은 선한 의도를 가지고도 자신의 에너지를 활용하지 못하고 인종차별, 반유대주의, 이성애중심주의, 외국인혐오 등에 맞선 싸움에서도 힘을 발휘하지 못한다. 있는 그대로의 자신을 받아들일 수 없으므로 자신의 정체성과 연결된 힘을 알아보거나 발전시키지 못한다. 죄책감에 싸인 독일 백인 여성들은 자신의 힘을 소모시키거나 심지어 그 힘을 적에게 내준다. 나치즘 이후 40여 년이 지났지만 여전히 많은 독일 백인 여성들은 "나의 뿌리가 끔찍한 역사와 얽혀 있는데 그 뿌리에서 어떤 힘을 끌어낼 수 있겠는가?"라는 질문에 붙들려 있다. 때때로 자기성찰에 대한 공포는 고약할 정도의 오만함을 가장하는데, 이는 소모적이며 무력하다.

이 책에 실린 독일 흑인 여성들의 글은 절망, 무지, 침묵을 뿌리치는 내용을 담고 있다. 억압을 토로한다는 건 억압에 맞선 싸움에서 승기를 확보하는 일이다.

—《색깔 드러내기》 서문, 1984년

내가 앞의 글을 쓴 지 6년이 지났다. 그 글을 쓰며 독일 흑인 자매들의 이야기와 아프리카계 독일인의 역사를 영어권 디아스포라들도 접할 수 있기를 희망했는데 《색깔 드러내기》영 문판 출간을 통해 그 꿈이 실현됐다.

《색깔 드러내기》는 우리 시대 열세 명의 독일 흑인 여성 의 삶에 인종차별이 끼친 영향을 설득력 있게 보여준다. 메이 오피츠$^{May\ Opitz}$의 연구를 비롯해, 이 책은 아프리카인이 처음 독 일에 정착하기 시작한 때부터 현재까지 독일에서 발생한 인종 차별의 역사를 서술하면서 그 인종차별이 독일 흑인 남성과 여 성에게 어떤 영향을 미쳤는지를 다룬다. 이는 지금껏 널리 알 려지지 않은 사실들로, 이 역사가 수백 년에 이른다는 데 나뿐 만 아니라 많은 사람이 놀랄 것이다.

독일에서 아프리카계 독일인을 국가의 한 구성원으로 다 룬 책은 《색깔 드러내기》가 처음이다. 이 책의 출판을 계기로 처음으로 전국적인 규모의 독일 흑인 단체, ISD$^{The\ Initiative\ Schwarze}$ ^{Deutsche}가 설립되었다. ISD는 현재 동독과 서독에 걸쳐* 여러 도 시에 지부를 두고 있다. 《색깔 드러내기》가 다루는 내용은 독 일 역사의 현시점에 특히 새롭게 주목받고 있다. 통일을 목전 에 두고서 독일의 정체성을 어떻게 정의할지에 대해 중대한 질 문들이 제기되고 있기 때문이다.

자신의 뿌리를 찾아 아프리카 대륙으로 거슬러올라가는

---

* 독일 통일은 1988년에 이루어졌으며, 이 글의 초안을 썼던 시점인 1984년에 독일은 아직 동독과 서독으로 나뉘어 있었다.—옮긴이

2부 | 나의 글은 계속 존재할 것이다

사람들은 지구상 모든 국가에 산재해 있다. 아프리카 디아스포라인 우리가 21세기에 생존이라는 구체적이며 힘든 책무를 진척시켜나갈 때 우리는 유사성과 함께 차이 또한 인지해야 한다. 우리는 아프리카적 삶의 방식으로 삶을 대한다. 즉 삶을 단지 해결해야 할 골칫거리가 아니라 그로부터 배울 수 있는 경험으로 대한다. 우리는 모든 사람에게 유익한 것을 추구하고 배고픈 아이들이 없기를 희망한다. 그러나 우리는 똑같지 않다. 각자가 경험한 특수한 역사 속에서 우리는 특수한 무기와 통찰을 만들어냈다. 제도화된 인종차별의 다양한 전투 국면에서 승리하기 위해 우리는 각자의 특수한 경험에서 나온 무기들뿐 아니라 각자의 비전에서 나오는 힘들도 공유해야 한다.

첫째, 우리는 서로를 인정해야 한다.

아프리카인 친척들과 지속적이고 풍요로운 관계를 꾸려가는 여성들도 있지만 흑인 공동체가 거의 전무한 환경에서 흑인으로 성장한 사람들도 있다. 한 번 본 적도, 알지도 못하는 아버지로 인해 자신의 조국에서 태어날 때부터 부정적인 평가를 받는다는 것은 도대체 어떤 의미일까? 어린 시절 내내 다른 흑인을 한 번도 보지 않고서 어떻게 자신의 문화적 정체성을 정의할 수 있을까?**

유럽에서 아프리카인의 존재는 로마제국 이전으로 거슬

** 1990년 7월 10일 이케 후겔Ike Hugel과 나눈 대화에 빚졌다.

러올라간다. 독일 뒤셀도르프에서 발견된 네안데르탈인 화석은 유럽에서 발견된 최초의 아프리카인 화석으로 구석기시대의 것으로 추정된다. 줄리어스 시저는 아프리카인 군단을 독일로 데려왔고 그중 많은 이가 귀향하지 못했다. 역사상 17세기부터 19세기에 이르기까지 유럽의 법정, 대학, 수도원, 침실에 흑인 아프리카인이 존재했다는 것은 분명한 사실이며, 오로지 유럽의 제도적인 자민족중심주의라는 요새에서 유사 교육을 받은 학자들만이 이런 역사를 들어보지 못했다며 발뺌할 것이다. 기니 사람인 안톤 빌헬름 아모Anton Wilhelm Amo는 1700년대 초 비텐베르크대학에서 《감정의 결핍The Want of Feeling》이란 제목의 철학서로 박사학위를 받았으며 후에 베를린에서 국가 고문을 역임했다.*

이 책에서 자신의 이야기를 들려준 노년의 두 독일 흑인 여성은 4세대에 이르는 아프리카계 독일 가문에서 두 번째 세대이다. 그들의 손녀 중 한 명이 또한 글을 기고하기도 했다.

인종차별은 우리 각자의 삶에 광범위하고 치명적인 흔적을 남긴다. 인종차별이 노골적으로 드러나는 분위기는 사회와

---

* 다음 글 참조. May Opitz, "Racism, Sexism and Precolonial Images of Africa in Germany," in *Showing Our Colors: Afro-German Women Speak Out*, ed. May Opitz, Katharian Oguntory, and Dagmar Schultz, trans. Anne V. Adams, Amherst: University of Massachusetts Press, 1992; also Ivan Sertina, ed., *African Presence in Early Europe*, New Brunswick, N. J.: Transaction, 1985.

2부 | 나의 글은 계속 존재할 것이다

국가 상황에 따라 달라질 수 있다. 하지만 우리는 확실히 연결되어 있다. 디아스포라로서 우리 각자가 국가 정체성을 형성하는 문제와 더불어 다음 질문들 역시 아프리카계 미국인, 아프리카계 유럽인, 그리고 아프리카계 아시아인들 모두에게 해당한다. 우리는 아프리카 전체와 어떤 관계를 맺는가? 강력하며 독립적인 아프리카 국가를 건설하는 일에 어떻게 일조할 수 있을까? 또 그런 국가를 형성한 후 우리가 기대할 수 있는 것은 무엇일까? 남부 아프리카의 해방 투쟁에서 동포로서 우리의 역할은 무엇인가? 우리의 책임은 무엇일까?

우리가 국제 유색인종 공동체의 일원으로서, 국제적으로 확산되는 인종차별이라는 거대한 조류에 맞서 싸울 때, 어떻게 서로를 격려하고 지원할 것인가?

독일이 통일된 직후인 1990년, 나는 방문이 갓 허락된 동베를린의 한 화려한 관광지에 있는 과자가게에 들어섰다. 한 젊은 백인 판매원이 혐오스러운 표정으로 나를 보며 내 첫 번째 질문에 화난 듯한 말투로 딱딱거렸다. 그 판매원은 나와 내 동행이 가게를 나갈 때까지 쭉 우리에게 등을 돌린 채 서 있었다. 밖으로 나오자마자 나는 뒤돌아보았고 그 판매원 또한 몸을 돌렸다. 가게 유리창을 사이에 두고서 우리의 눈이 마주쳤다. 내가 있는 유리창 쪽으로 그녀가 던지는 그 증오의 시선은 길고, 강렬하며, 무엇보다 익숙했다. 나는 미시시피주 잭슨시, 샌프란시스코, 뉴욕 스태튼아일랜드, 그리고 수많은 북미의 도시에서도 그런 혐오의 시선을 이겨내며 살아남았다.

《색깔 드러내기》를 읽다보면 우리가 매일 치르는 전쟁이 동일하다는 것을 확신하게 된다.

독일의 다른 곳과 마찬가지로 서베를린 또한 6년 전의 국제적 분위기를 풍기던 고립된 도시와는 매우 다른 곳이 되어가고 있다. 한때 이 도시를 둘러싸고 있던 암울한 장벽 탓에 서베를린은 서독만큼이나 유럽의 다른 지역과도 동떨어진 느낌을 주었다. 그 거리감이 국제적인 화려함이라는 베일을 선사한 것 또한 사실이었다. 그러나 이제 장벽은 무너졌다.

지리적으로나 정치적으로 독일은 유럽의 중심에 있다. 통일된 독일은 다시 한번 유럽의 정세에 강력한 힘을 발휘할 것이다. 역사상 이 힘은 평화적이지 않았다. 미국의 정치적 입지가 아프리카계 미국인의 운명을 결정하는 데 중요한 요소였던 것처럼, 새로운 독일의 잠재적 힘과 그 힘이 지향하는 방향을 결정하는 데 독일이 맡게 될 역할은 아프리카계 독일인들의 운명을 결정하는 데 중요한 요소가 될 것이다.

비전이 없다면 모든 사회 변화는 죽음과도 같다. 오늘날 동독과 서독에서는 격렬한 감정이 폭력적인 증오로 무장해 날뛰고 있다. 당혹감에서 비롯된 분노와 혼란스러운 변화로 인해 갈 곳을 잃어버린 공격성, 그리고 일상이 무너지는 감각으로 인한 절망이 팽배하다. 이런 격렬한 감정들은 독일의 역사에서 처음 있는 일이 아니다. 600만 명의 유대인이 학살당하고 수십

만 명의 동성애자들, 집시라고 불린 이들, 폴란드인들, 그리고 유색인종인 사람들이 죽고, 고문당하고, 거세당한 사례는 이런 격렬한 감정이 이데올로기로 표출될 때 어떤 일이 벌어질 수 있는지 보여주었다.

2차 세계대전 후 동독에서는 공산주의가 파시즘을 억눌렀지만 끝내 절멸시키지는 못했다. 동독에서 인종차별, 반유대주의, 그리고 외국인혐오는 분명 엄격하게 법으로 금지되었지만 그것은 국가적 현실로 제대로 인정받지도, 검토되지도 않았다. 수면 위로 올라오지 않았을 뿐, 차별과 혐오는 국민 의식 속에 변하지 않는 정신적 시한폭탄처럼 남아 있었다. 이런 잠복된 증오들이 이제 독일 흑인과 모든 유색인종, 외국인 이주 노동자들에게 폭력을 가하는 형태로 물리적 배출구를 찾고 있으며 그 수는 급격하게 증가하고 있다.

이런 공격은, 마찬가지로 잠복해 있던 신나치적 요소에 의해 서독에서도 증가하고 있으며 통일의 경제적, 정치적 여파로 신나치적 요소가 부상하게 될 거라는 전망이 이런 공격성을 더욱 자극하고 있다. 서베를린의 쇼핑가인 쿠담 거리에서 아이들이 한 흑인 여성을 향해 물총을 쏘아댔다. 아이들은 부모들이 싫어하는 백인 이웃 주민들을 욕할 때 무슨 뜻인지도 모르면서 "유대인"이라고 외친다. 지난 10년 동안 영국 수상인 마거릿 대처와 미국 대통령 로널드 레이건을 필두로 전 세계적으로 반동적 보수주의가 확산했으며, 최근 독일에서 발생하고 있는 공격적인 인종차별과 반유대주의는 이런 반동적 보수주의로 인해 더 격화되었다.

아프리카 디아스포라 공동체는 그들의 출신 국가에서는 소수인종에 불과하지만 아프리카 대륙 전체 인구가 더해진다면 더 이상 소수가 아니다. 전 지구적으로 반동적 보수주의가 확산하는 것은 남부 아프리카의 해방이 임박한 것이 확실해지면서 동구권과 서구권의 초강대국들이 이념적 차이에도 불구하고 힘을 합치기로 한 결과로도 볼 수 있다.

1990년 여름 두 달 동안 서독에서 어린 튀르키예 소년들이 돌에 맞아 죽었다. 한 파키스탄 학생은 서베를린의 대학교 계단에서 치명적인 구타를 당했다. 대낮 베를린의 지하철에서 아프리카계 독일 여성들이 스킨헤드에게 폭언을 당하는 동안 백인 승객들은 묵묵히 이를 지켜보았다. 동독 드레스덴에서는 현지 경찰이 지켜보는 가운데 한 무리의 남성 스포츠팬들이 튀르키예 여성을 폭행하고 발로 얼굴을 가격해 치아가 손상된 사건이 발생했다.

위 사건이 일어나고 이틀 후, 드레스덴의 시 낭독회에서 나는 일련의 사건에 맞서 우리를 조직화할 필요가 있음을 역설했다. 청중은 대부분 백인 여성과 젊은 아프리카계 독일 남성과 여성들이었다. 동베를린과 서베를린에서 온 흑인 여성들과 백인 여성들이 문을 지키고 있었다. 내가 말하는 동안 유리문을 통해 밖에서 덩치 큰 백인 남성들이 허리를 굽혀 안을 들여다보며 히죽대고 맥주를 마시는 모습을 볼 수 있었다. 시를 낭독하는 동안 나도 모르게 싸우는 자세를 취하고 있었다. 6년 만에 독일에서 시를 읽으며 처음으로 두려움을 느꼈다. 낭독회를 마치고 베를린으로 떠날 때 나는 아프리카계 독일인 형제들에게 내 차까지 바래다 달라고 부탁했다. 우리가 떠날 때 계단에 늘어서서 맥주를 마시고 있던 사람들은 우리와 같이 있던 아프리카계 독일 자매 중 한 명이 태권도 검은 띠라는 사실을 몰랐을 것이다.

독일 흑인들은 이런 상황을 수동적으로 지켜보고 있지만은 않는다. 동독과 서독에서 아프리카계 독일인들은 지지받고 행동하기 위해 때로는 다른 단체와 연대하며 힘을 모으고 있다. 이들은 자신의 생존을 확보하고 독일의 민족의식을 재정립하기 위해 자신의 능력을 확인하고 활용하는 법을 배우고 있다.

아프리카 디아스포라 구성원들은 출신 국가는 달라도 전통적 유산으로 연결되어 있다. 우리는 그 유대감으로 힘을 모을 수 있다. 아프리카계 미국인과 아프리카계 유럽인은 분열되고 소외된 정체성을 공통의 의식으로 통합할 수 있다. 동시에 두 유산의 장점을 융합할 수 있는 가능성도 지니고 있다. 우리는 하이픈으로 연결된 사람들로서* 지구 대륙 전체를 가로질러 산재하며 전 세계 인구의 8분의 7을 구성하는 국제 유색인종 공동체의 구성원이다.

전 지구적 페미니즘의 진정한 본질은 서로 간의 연관성을 인지하는 것이다. 우리가 남태평양에서 벌인 핵실험으로 인해 미크로네시아의 여성들은 뼈 없는 아기를 낳는다. 1964년 미국 CIA는 넬슨 만델라를 남아프리카 경찰에게 밀고했고 그로 인해 만델라는 27년간 수감되었다. 제시 헬름스와 같은 상원의원의 묵인하에 미국은 남아프리카의 지원을 받는 앙골라완전독립민족동맹UNITA의 군대에 수백만 달러의 원조를 보냈다. 반면 카리브해 국가에는 그 금액의 2퍼센트도 채 되지 않는 돈을 원조했다. 자메이카 농장의 여성 노동자들은 세계에서 가장 낮은 임금을 받는다. 1990년대 초 동유럽에 대한 원조가 급증하는 동안 자메이카에 대한 원조는 80퍼센트 삭감되었다.

피부색이 무엇이든, 미국 여성들은 종종 자신들의 눈을 가려 다른 세계를 보지 못하게 하는 편협한 태도에 빠져 있을 여유가 없다. 이 책에 담긴 독일 흑인 여성들의 글은 미래에 전 지구적 페미니즘이 지니게 될 복잡성을 간파할 수 있는 통찰을 제공한다.

이 책은 아프리카계 미국인 여성들에게 현재의 세계적 상황에서 우리가 혼자가 아니라는 사실을 상기시켜준다. 새로운 국제적 연대를 눈앞에 두고 우리는 아프리카계 유럽인, 아프리

✿   정체성 표기에서 하이픈은 주로 유색인종을 표시한다. 1980년대까지 유색인종은 아시아계-미국인Asian-American, 아프리카계-미국인African-American, 아프리카계 독일인African-German 등 하이픈을 사용해 정체성을 표시했다.—옮긴이

카계 미국인, 아프리카계 아시아인 여성들 사이에 존재하는 연결점과 차이뿐 아니라 우리와 아프리카 자매들 사이에 존재하는 연결점과 차이점 또한 검토할 필요가 있다. 연결점을 살피는 첫 단계는 우리 자신의 정체성을 확인하고, 서로를 인정하며, 서로의 이야기를 경청하는 것이다.

우리 모두의 생존과 우리 아이들의 생존을 위해 이 책의 독일 흑인 여성들은 자신들의 색깔과 목소리를 드러내고 있다.

오드리 로드

1990년 7월 30일

미국령 버진아일랜드 세인트크로이섬에서

10

《필요: 흑인 여성의 목소리를 위한 합창》 개정판 서문

《필요: 흑인 여성의 목소리를 위한 합창^{Need: A Chorale for Black Woman Voices}》개정판은 학교 수업, 소규모 커뮤니티 모임, 가족 모임, 교회나 토론 단체 같은 곳에서 사용할 목적으로 출판되었다. 흑인 공동체 내에서 발생하는 여성을 향한 폭력에 대해 이야기할 때 이 책이 흑인 여성과 흑인 남성 사이의 대화에 물꼬를 틔워주기를 희망한다. 처음 출간된 이후 많은 여성들의 모임에서 시가 낭독되었고, 그 과정에서 시는 조금씩 변화를 겪었다.

《필요》를 처음 쓰기 시작한 건 1979년 보스턴에서 4개월 동안 열두 명의 흑인 여성들이 살해되었을 때다. 흑인 레즈비언과 라틴계 레즈비언들이 주도하는 풀뿌리운동에서 시위가 시작되어 지역의 유색인 여성들—여러 단체와 교회, 그리고 의식화 집단에 소속된 레즈비언과 이성애자들까지—이 함께했다. 연대 시위는 가족, 친구들, 그리고 적들로까지 확대되었다. 곳곳에서 응원과 격분의 캠페인이 시작됐다. 그해 봄을 떠올릴 때면 쓰라린 슬픔, 분노, 염려와 함께 내가 알고, 사랑하고, 내 가슴을 떨리게 한 여성들이 생각난다. 바버라 스미스, 데미타 프레이저^{Demita Frazier}, 마고 오카자와-레이^{Margo Okazawa-Rey},* 그 외 이름

✻   스미스, 프레이저, 오자카와-레이는 로드와 함께 1974년 흑인 페미니스트 단체 컴바히강공동체를 창립했고 1977년 〈흑인 페미니즘 선언문〉을 함께 작성하고 발표했다. 스미스는 저명한 흑인 페미니스트 비평가로 1980년대 이후 페미니즘 이론과 비평의 발전에 기여했다. 프레이저는 평생 사회정의에 헌신한 활동가이다. 오자카와-레이는 샌프란시스코주립대학교 교수로 일하면서 초국가적 (흑인) 페미니즘과 사회정의운동에 헌신했다.—옮긴이

을 알 수 없는 여성들이 [미국의 페미니스트 작가이자 활동가인] 바버라 데밍Barbara Deming의 문구, **"우리는 생명 없이는 살 수 없다"**가 새겨진 커다란 현수막을 들고서 보스턴 거리를 행진했다.

《필요》를 쓰면서 나는 내가 느꼈던 격렬한 분노와 좌절, 공포가 소모되지 않고 그런 감정을 초래한 원인들을 변화시키는 데 일조하기를 희망했다. 누군가는 말해야만 했다. 누군가는 극도의 위기의식을 가지고 오늘의 이 사건을 넘어, 우리 지역사회의 거리에 흑인 여성들의 피가 끊임없이 흐르고 있다는 사실에 대해 말해야만 했다. 너무 많은 경우, 그 피는 우리의 남자 형제들에 의해 흐르며, 언급되거나 주목받는 경우는 또 너무나 적다는 것에 대해서도 말해야만 했다. 더 끔찍한 건 흑인 여성을 향한 흑인 남성의 폭력을 흑인이 겪는 인종차별 탓으로 돌리며 정당화하거나 변명하는 것이었다.

동네 골목에서 흑인 여성이 죽은 채로 발견되거나 강간당하고, 두들겨 맞고, 짓밟히고, 불에 타고, 독살당한 기사를 일간신문 1면, 아니 어느 면에서든 마지막으로 읽은 적이 언제인가?

내가 이 시를 쓰기 시작했을 때, 여행을 하며 지난 몇 달간 읽고 들었던 흑인 여성들의 죽음에 얽힌 그 모든 고통과 허무함이 물밀듯이 밀려왔다. 흑인인 우리가 진보하고자 한다면 우리는 더 이상 국가 건설이라는 연막 아래 우리 여성들이 학살당하고 있다는 사실을 숨겨서는 안 된다. 만약 우리가 흑인 여성과 아이들의 피를 발판으로 삼아 흑인 국가를 건설하게 된다면, 남성이든 여성이든 우리는 모두 실패자가 될 것이다. 단순하면서도 복잡하고 끔찍한 일이다.

나도 물론 두려움에 떨었다. 학교 밖에서 이야기했다는 이유로 나의 형제자매들에게 공격당할 수 있다는 생각에. 또 두려움과 불안으로 인해 자매들이 나를 배신할 수도 있다는 생각에. 나는 형제들의 분노에 겁이 났고 반역자라는 비난과 적에게 무기를 건네주었다는 비난을 받을까 두려웠다. 하지만 그 무엇보다 끔찍한 건 서로를 겨누는 총구라는 것을 나는 알았다. 그리고 흑인 여성과 남성은 서로 대화를 시작해야 하며 우리 아이들에게 이 폭력이 얼마나 소모적인지를 알려야 한다고 생각했다. 그렇지 않으면 결국 우리 모두 패배할 게 뻔하니까.

1979년 이 시를 쓰면서 나는 나의 시가 조직화의 도구가 되기를 바랐고, 같은 주제를 다루는 다음 작품을 위한 도움닫기나 흑인 여성과 남성 사이의 토론을 촉진하는 출발점이 되기를 바랐다. 그 춥고 황량한 1월에 보스턴에서 죽은 열두 명의 여성 한 명 한 명을 애도하며 시를 썼다. 집회에서 만난 내가 알거나 알지 못하는 이들을 위해서도. 또한 이 시는 네 달 전 디트로이트에서 살해된 퍼트리샤 카원을 애도하며 쓴 시이기도 하다.* 그리고 나는 이 시를 내 이웃의 다정한 딸 마사를 떠올리며 썼다. 마사는 자기 가족 가운데 처음으로 고등학교를 졸업했지만 자신의 침대에서 총에 맞아 사망했다.

나는 애틀랜타 살인 사건으로 희생당한 세 명의 어린 흑인 소녀들, 아무도 이름을 불러주지 않은 그 소녀들을 위해 이 시를 썼다.

나는 흑인 형제의 폭력으로 피 흘린 모든 흑인 여성들 한 사람 한 사람을 위해서 이 시를 썼다.

나는 이 모든 사실들 앞에서 도대체 자신이 무엇에 사로잡혀 그런 짓을 저지른 것인지 자책하며 침묵 속에 고개를 숙이고 눈물을 흘리는 모든 남자 형제들을 위해 이 시를 썼다.

나는 내 아들, 그리고 내 딸을 위해서 이 시를 썼다.

내가 이 시를 쓴 것은 흑인 여성 살해에 관해 들어본 흑인이라면 누구도 무시하지 않고 공감할 수 있는 방식으로 그 주제에 관해 이야기하고 싶었기 때문이다. 나는 이런 파괴적인 현실을 변화시키기 위해 우리 각자가 당장 우리의 손길이 미치는 삶의 범위에서 무언가를 할 수 있기를 바란다.

이 시는 모든 흑인 여성이 필요할 때마다 소리내어 읽을 수 있도록 쓴 글이다. 이 시는 나를 위해 쓴 것이다.

《필요》는 또한 뉴저지주에 있는 럿거스대학교에서 처음 시를 낭독했을 때, 눈에 눈물이 가득한 채로 이 낭독을 들을 수

✿　　로드는 《시스터 아웃사이더》에서 이렇게 쓴다. "1978년 디트로이트에서 젊은[스무 살] 흑인 여성 배우 퍼트리샤 카원은 연극 〈망치〉의 오디션을 보러 갔다가 [자칭] 극작가라고 하는 흑인 남성에게 망치로 맞아 죽고 말았다. 퍼트리샤 카원은 흑인이라고 죽임을 당한 것이 아니다. 그녀가 죽은 이유는 흑인 여성이었기 때문이고, 이 죽음은 우리 흑인 여성 모두의 문제이다."(67쪽)—옮긴이

있어서 너무 다행이라고 말했던 한 흑인 남성을 위해 쓴 시이다. 그리고 이 시는 같은 해 디트로이트에서 낭독회 도중 퇴장하면서 "넌 위험한 여자야"라고 소리치며 주먹을 휘두르던 한 젊은 형제를 위해 쓴 시이다.

그때 이후로 크게 달라진 것이 없다.

1985년 보스턴에서 그리 멀지 않은 매사추세츠주 햄프셔 대학교에서 제임스 볼드윈과 대담을 가진 적이 있다. 가장 열띤 토론 중 하나는 살해당한 열두 명의 흑인 여성과 흑인 공동체 내부에서 발생하는 흑인 여성에 대한 일반적인 성폭력과 폭행에 관한 것이었다. 토론에는 나 외에 두 명의 흑인 여성, 볼드윈 외 두 명의 흑인 남성, 백인 남성 한 명, 그리고 젊은 흑인 남학생이 참여했다.

볼드윈과 두 흑인 남성 중 한 명은 인종차별이라는 엄청난 압박 속에서 흑인 여성이 당하는 폭력에 대한 책임을 흑인 남성에게 물을 수는 없다고 주장했다. 그들은 폭력은 부당한 제도에 대한 대응일 뿐이며 흑인 여성은 우발적인 희생자일 뿐이라고 말했다. 한 흑인 남성은 심지어 "흑인 남성이 꼭 흑인 여성을 공격하려고 하는 건 아니다. 주변에 양이 있었다면 그 양을 공격했을 거다"라고 말했다.

이 말에 나는 "그렇죠, 그러나 나는 양이 아니라 당신의 자매예요. 그리고 그 자매는 총 쏘는 법을 알죠. 만약 우리가 적이 아니라 서로를 죽이는 것으로 끝을 맺는다면, 그건 우리 모두에게 끔찍한 소모전이겠죠"라고 답했다.

이때 토론에 참석한 젊은 흑인 남학생이 자신보다 나이 많은 그 남성들의 발언에 맞서 자신의 어머니와 자매를 옹호했다. 그는 흑인 여성들이 거리에서 스스로를 방어할 권리가 있다고 말했다. 그 젊은 학생의 발언이 내 말에 진정한 확신을 주었다는 것을 그가 알아주었으면 한다. 내가 《필요》를 쓴 것은 그 남학생을 위해서이기도 하다.

백인 인종차별주의자의 공격적인 폭력은 주로 흑인 남성을 대상으로 격화되지만 (엘리너 범퍼스와 이본 스몰우드의 예*처럼) 흑인 남성에게만 한정되지 않는다. 흑인 여성들을 향한 우리 공동체 내부의 폭력 역시, 신고 유무에 관계없이 심해지고 있다. 이제 이 소모적인 비밀에 대해 다시 목소리를 높여야 할 때이다. 다른 누군가가 해결해줄 거라 기대하면서 흑인 공동체 내부에서 벌어지는 흑인 여성에 대한 폭력을 단결이라는 허상 아래 숨기거나 외면하지 말아야 한다.

흑인 여성들은 인종차별로 좌절한 흑인 남성의 분풀이용으로 제단 위에 바쳐진 양처럼 도살당하는 일을 더 이상 감내하지 않을 것이다. 그렇다고 해서 정당방위를 주장하며 흑인

---

* 67세의 흑인 엘리너 범퍼스는 1984년 공공주택 월세를 단 한 달 연체했다는 이유로 자신의 아파트에서 쫓겨나다가 뉴욕시 주택관리 경찰이 쏜 산탄총에 맞아 사망했다. 이본 스몰우드는 맨해튼 거리 모퉁이에서 자신의 남자친구에게 발급된 교통위반 딱지를 두고 경찰과 논쟁을 벌이다 뉴욕시 경찰관에게 맞아 사망했다.

2부 | 나의 글은 계속 존재할 것이다

남성들을 날려버리고 싶지도 않다. 이런 학살을 끝내기 위해 흑인 여성과 남성들은 하나의 민족으로서 함께 일하는 방법을 고안해야만 한다. 서로를 파괴하기엔, 우리는 서로에게 매우 필요한 존재이다. 흑인들이 서로를 두려워하지 않을 때 우리는 진정으로 서로에게 필요한 존재가 될 것이다.

우리 각자는 우리 미래의 일부인 어린 흑인 소년들에게 조언을 할 수 있을 것이다. 우리 각자에게는 분명 귀 기울일 만한 목소리가 있고 그 목소리를 내야 한다. 이 나라의 모든 흑인은 어떤 식으로든 우리의 아들들에게 자신의 남자다움이 흑인 여성이 흘린 피바다 속에 있지 않다는 것을 가르칠 책임이 있다.

점차 이런 교훈을 전하는 흑인 남성의 목소리가 커지고 있다. 칼라무 야 살람Kalamu ya Salaam은 흑인 공동체에서 벌어지는 강간에 대한 매우 철저하고 사려 깊은 연구에서 "흑인 여성들이 반란을 일으키고 흑인 남성들이 성차별에 맞서 싸울 책임이 자신에게 있다는 점을 자각한다면 강간은 완전히 종식될 수 있다"**고 지적했다.

대화를 나누며 아무리 극심한 고통과 분노에 부딪히더라도, 우리는 서로에게 무슨 짓을 하고 있는지 이야기해야 한다. 이 시는 그런 대화를 위한 좋은 시작점이다. 침묵으로 우리 자신

**   Kalamu ya Salaam, "Rape: A Radical Analysis from an African-American Perspective," in *Our Women Keep Our Skies from Falling*, Nkombo, 1980, 25~41.

을 소모해버리기엔 우리는 서로에게 너무나 중요한 존재이다.

"우리는 생명 없이는 살 수 없다."

오드리 로드

세인트크로이섬에서

1989년 8월 31일

11

교사로서의 시인,
시인으로서의 인간,
인간으로서의 교사

이 주제에 관해 이야기를 할 때마다 나는 항상 어떤 날, 어떤 수업을 진행했는데 비가 와서 수업이 잘 진행되었다거나 혹은 잘되지 않았다라고 말하는 것이 적절한지 고민하게 된다……. 다른 한편으로 기술이라는 것은 다양한 요인의 영향을 받기에 내가 수업 기술보다 더 기본적이라 생각하는 것은, 같은 학생들과 하는 수업이라 해도 비가 오는 날에 택하는 수업 방식은 맑은 날의 수업 방식과 다르고, 경찰이 흑인 아이를 학살한 다음 날의 수업 방식과도 다르다는 점이다. 우리 아이들은 이런 정서적 분위기를 무서울 정도로 온전히 흡수하고 걸러 배출한다. 그런 점에서 수업 기술보다 나의 전체적인 인식이 수업에 더 기본적인 요소라고 생각한다. 교사로서의 시인, 시인으로서의 인간, 인간으로서의 교사, 이 모든 것이 나에게는 동일한 것으로 느껴진다.

작가는 그 자체로 교사이다. 시가 아닌 다른 과목을 가르치더라도 내가 쓰는 모든 시는 내 경험의 순간들에 기대어 형성되었으며, 나에게 귀 기울일 수 있거나 앞으로 귀 기울일 많은 사람과 공유할 일종의 진실의 조각들이다. 이런 점에서 내가 쓰는 모든 시는 다른 무엇보다 배움의 장치이다. 진실한 감정을 사람들과 함께 나눔으로써 배우는 것들이 있다. 함께 소통한다는 건 가르치는 일이며 마음을 움직이는 일이다. 진실로 다른 사람의 마음을 움직인다는 것은 가르치는 일이다. 참된 시를 쓴다는 건 가르치는 일이다. 의미 있지만 힘에 부치는 일을 하는 것 또한 가르치는 일이다. 삶이 곧 가르치는 일이다. 사람이 하는 일 중 가르침이 아닌 것은 수면뿐이며, 그런 면에서 잠은 죽음과 유사하다.

나는 인간이다. 뚱뚱하고 수줍음이 많고 너그러우면서도 짜증을 잘 내고 신의가 있는 흑인 여성이며 시인이고 엄마이자 연인이고 교사이며 친구이다. 내가 무엇을 하든, 있는 그대로의 내 모든 모습을 드러내지 않는다면 나는 내 본질을 억누르는 셈이며, 그 결과 아무것도 제시하지 못하고 지속적인 가치가 있는 그 어떤 것도 내놓지 못할 것이다. 오늘 밤 여기 참석한 여러분에게 내가 느끼는 것과 알고 있는 것을 말하면서 나의 모든 모습을 드러내지 않는다면 여러분에게 불의를 행하는 것이다. 여러분이 사용할 만한 것은 취하고, 여러분이 필요하지 않은 부분은 내버려두면 된다.

나는 시 창작법을 가르치지는 않는다. 단지 아이들이 자신만의 시를 인지하고 존중하도록 도와준다. 학생들에게 어떻게 더 좋은 글을 쓸 수 있는지 알려주기도 한다. 좋은 시란 시인이 표현하고 싶은 감정을 오롯이 담아낸 것이다. 학생이 자신이 가진 느낌과 경험을 인식하고 소중히 하여 거기서부터 시가 서서히 흘러나오도록 한다. 시 창작에 대해 다른 사람들에게 가르쳐줄 수 있는 것이라고는 나 자신에 대해, 그녀 또는 그 자신을 느끼는 법에 대해 가르치는 것뿐이다.

그러니 시를 가르치려면 나는 내 감정과 자아를 학생이 자신의 시를 찾아가면서 선택한 학생 자신의 자아 및 감정과 기꺼이 공유해야 한다. 그 자아와 감정이 무엇이든 상관없다. 시는 친밀한 경험이며 쉽지도, 가볍지도 않다. 그러나 그것은 참된 경험이다.

내가 진정한 배움과 가르침이 일어날 때 발생하는 친밀한 교류에 관해 이야기한다고 해서, 나 자신의 느낌이나 다른 인류의 느낌에 대한 인식이나 반응에 관해 이야기한다고 해서 여러분이 이 자리를 떠나거나 겁먹지 않기를 바란다. 물론 우리모두는 우리 시대가 인간의 활동 중 이런 종류의 교류를 가장강력히 금지하고 저지하고 있다는 사실을 잘 알고 있다.

오늘날의 청교도적 윤리는 논리적인 결론에 도달해, 젊은이들은 더는 눈치 보지 않고 성관계를 가질 수 있게 되었다. 반면 서로를 탐색하거나 감정을 공유하는 것과 같은 친밀함은 견디지 못한다. 그러나 참되게 가르치고, 쓰고, 살기 위해서는 이친밀함이 꼭 필요하다.

여러분은 내게, 교사로서의 시인에 관해 내가 느끼는 바를말해달라고 요청했다. 나는 여러분에게 나 자신을 드러내 보여준다. 나는 여러분에게 여러분 각자의 자아를 드러내 보여준다. 여러분의 마음속에 깃든 시인을 사랑하는 법을 배우고 그시인을 활용하는 법을 배우시라. 여러분이 느끼고, 삶을 살아가고, 감정을 공유할 때, 여러분은 곧 가르치고 있는 것이다.

12

시는 우리를 존재하게 한다

시는 실제로 어떤 일이 일어나게 만든다. 시는 우리를 존재하게 만든다. 시는 우리가 삶을 살아가도록 해준다. 우리가 시를 다루는 사람이든 아니든 상관없이 말이다. 작가는 그 자체로 교사이다. 시가 아닌 다른 과목을 가르치더라도 내가 쓰는 모든 시는 내 경험의 순간들에 기대어 형성되었으며, 나에게 귀 기울일 수 있거나 앞으로 귀 기울일 많은 사람과 공유할 일종의 진실의 조각들이다. 다른 힘든 일과 시의 공통점은 바로 이것이다. 참된 시를 쓴다는 건 가르치는 일이다. 의미 있지만 힘에 부치는 일을 하는 것 또한 가르치는 일이다. 삶이 곧 가르치는 일이다. 사람이 하는 일 중 가르침이 아닌 것은 수면뿐이며, 그런 면에서 잠은 죽음과 유사하다.

나는 나의 삶과 시를 분리할 수 없다. 나는 나의 삶을 글로 쓰며 나의 글에 쓴 대로 나의 삶을 살아간다. 나는 흑인 여성 시인이며 레즈비언이고 엄마이며 연인이자 교사이며 친구이고 전사이다. 나는 수줍음이 많고, 강하고, 뚱뚱하고, 너그러우며, 신의가 있고, 무엇보다 짜증을 잘 낸다. 내가 무엇을 하든, 있는 그대로의 내 모든 모습을 드러내지 않는다면 나는 내 본질을 억누르는 셈이며, 그 결과 아무것도 제시하지 못하고 지속적인 가치가 있는 그 어떤 것도 내놓지 못할 것이다. 오늘 밤 여기 참석한 여러분에게 내가 느끼는 것과 내가 알고 있는 것을 말하면서 나의 모든 모습을 드러내지 않는다면 나는 여러분에게 불의를 행하는 것이다. 여러분이 사용할 만한 것은 취하고, 여러분이 필요하지 않은 부분은 내버려두면 된다.

나의 시는 나의 삶과 분리될 수 없고, 그것은 여러분의 시도 마찬가지이다. 시 창작에 대해 다른 사람들에게 가르칠 수 있는 것이라고는 그녀 또는 그 자신을 느끼는 법에 대해 가르치는 것뿐이다. 시는 친밀한 경험이며 동시에 필수적인 경험이다. 그리고 그런 이유로 종종 원망이나 저항을 받는다. 자신만의 시를 찾아가는 것은 기본적으로 전복적인 행위이다. 자신의 감정을 찾아나가는 과정은 자신의 존재 전체에 영향을 끼치기 때문이며 자신을 느끼기를 거부하는 대가로 얻는 게 많기 때문이다. 화와 분노, 좌절과 슬픔을 느끼기는 쉽지 않다. 감정적으로 냉담한 상태를 유지하거나 흔히 감상으로 치부되는 변덕스러운 감정에 빠지는 일이 훨씬 더 쉽다. 소웨토 거리에서 총격당한 아이들의 비극을 우리의 일로 받아들이기는 어렵다. 우리는 그러한 감정을 거부함으로써 쏠쏠한 대가를 얻는다. 우리는 독이 든 의식주의 편안함과 기만적인 안정감이라는 대가를 받는다. 평생 재직을 보장받는 것이 살아남는 것과 동일하며, 한밤중 문을 두드리는 노크 소리는 언제나 다른 사람의 집에서만 일어나는 일이라는 거짓된 믿음을 대가로 받는다. 지금 여기 우리가 앉아 있는 순간에도 거리에서, 남아프리카의 감옥에서 흑인 아이들과 대학생들은 구속되고, 고문당하고, 살해되고 있다. 그 공포는 우리와 동떨어져 있지 않다. 그런 일은 뉴욕, 시카고, 미시시피주의 잭슨시, 오하이오에서도 지금껏 일어났으며 앞으로도 다시 발생할 것이다. 우리 중 몇몇이나 이런 비극을 우리 자신의 것으로 느끼는가? 하지만 우리는 이 비극적인 일들과 밀접하고도 중요한 관계를 맺고 있다. 우리가 행동하지 않는 한, 우리가 누구든 어디에 있든 이러한 공포에 맞서 우리의 힘을 사용하지 않는 한, 이런 비극은 계속 재발할 것이라는 사실을 인식하는 사람이 얼마나 될까? 개별적인 생존이란 가능하지 않다.

그렇다면 시를 가르친다는 것은 곧 감정을 인식하도록 가르치는 것이며 생존을 가르치는 것이다. 그 일은 쉽지도 가볍지도 않지만 필요하며 유익한 일이다. 교사로서의 시인은 탐색과정에서 일어나는 친밀함을 고무해야 한다. 우리가 그 친밀함을 감당하는 법을 배울 때 우리의 삶을 지배하고 우리의 침묵을 만들어내는 두려움은 힘을 잃기 시작할 것이다. 우리는 앞으로도 언제나 두려워할 것이다. 발각될 수도 있다는 두려움, 조롱거리가 될 수도 있다는 두려움, 남들과 다르다는 두려움, 상처 입을 수 있다는 두려움 등, 우리는 두려움을 느끼도록 사회화되었기 때문이다. 그러나 우리의 시가 강해질수록 두려움도 피로감도 덜 중요해진다. 우리는 지치더라도 일하는 데 익숙하다.

시는 사치가 아니다. 우리가 삶을 면밀히 살피며 어떤 빛을 비추느냐에 따라 우리 삶의 결과물이 달라지고 현재 삶을 변화시킬 희망도 생겨난다. 시는 각성illumination의 역할을 한다.

이름도 형태도 없이, 단지 느껴지기만 할 뿐 탄생하지도 않았던 생각들이 시를 통해 이름을 부여받는다. 꿈이 개념을 낳고, 감정이 생각을 낳고, 지식이 이해를 낳거나 때로 이해에 선행하는 것처럼, 참된 시가 기대고 있는 정제된 경험은 사상을 탄생시킨다.

유럽적 사고방식에서 우리 삶은 해결해야 할 문제이며 자유롭기 위해서는 온전히 생각에 기대어야 한다. 백인 아버지들은 소중한 것은 생각뿐이라고 가르쳤다. 하지만 오랜 역사를 지닌 독창적인 비유럽적 삶의 양식에서 삶은 경험하고 서로 소통하는 일이다. 비유럽적 사고방식을 접하면서 우리는 느낌을 소중히 여기도록 배운다. 우리 힘 깊이 숨겨진 감정들을 존중할 때 참된 지식과 지속적인 행동이 탄생한다. 우리가 하나의 민족으로 살아남기 위해서는 이 두 가지 삶의 방식을 융합하는 것이 꼭 필요하며 이 결합에 가장 가깝게 다가갈 수 있는 건 시를 통해서이다.

시는 이름 없는 것에 이름을 부여함으로써 우리가 그것을 사유할 수 있도록 한다. 일상에서 정직하게 느낀 경험이라는 거대한 바위에서 조각해낸 시는, 희망과 두려움이 뒤섞인 까마득히 먼 지평선까지 나아갈 수 있는 길을 포장해줄 것이다. 우리의 감정은 더 급진적이고 대담한 사상의 성소이자 산란지가 될 것이다. 지금 당장이라도 나는 꿈이나 시에서 나온 게 아니라면 받아들일 수 없거나 무섭다고 여겼을 생각을 열 가지라도 댈 수 있다. 시는 꿈과 비전일 뿐만 아니라 삶의 뼈대를 구성하는 구조물이기도 하다.

백인 아버지들은 "나는 생각한다. 그러므로 존재한다"라고 말해왔다. 하지만 우리 안의 흑인 어머니와 시인은 우리 꿈속에서 "나는 느낀다. 그러므로 자유롭다"라고 속삭인다. 시는 자유의 실행을 표현하고 선언할 수 있는 새로운 언어를 만들어낸다. 앙골라 민족을 해방시켰던 시인 아고스티뉴 네투Agostinho Neto는 이런 시의 힘을 알고 있었다.

때로 우리는 새로운 생각이라는 꿈에 중독된다. 머리가 우리를 구할 것이다. 오직 두뇌만으로 자유로울 수 있으리라. 하지만 새로운 생각이란 없으며, 잊혀진 생각들, 우리 안에서 새롭게 조합하고 인식한 생각들이 있다. 또 그것들을 새롭게 시도해보겠다는 용기, 우리의 어떤 생각이 폄하하는 꿈을 따라 살아보겠다는 용기가 있다. 변화를 향한 운동의 최전선에는 오로지 시가 있으며 시만이 가능성을 현실로 바꿀 여지를 준다. 새로운 생각이란 존재하지 않는다. 단지 그 생각을 느끼고 실현할 수 있는 새로운 방식이 있을 뿐이다. 영리 추구와 위계적 권력, 제도화된 비인간화로 점철된 구조 속에서 우리의 감정은 살아남을 수 없는 운명이었다. 감정은 그저 피할 수 없는 부산물이거나 기분 좋은 오락거리로 치부되었다. 여성이 남성들에게 무릎 꿇어야 했던 것처럼 감정은 사상에 무릎 꿇어야 했다. 하지만 여성은 살아남았고, 우리의 감정도 살아남았다. 시로서. 이제 새로운 고통이란 없다. 느껴야 할 고통은 이미 다 겪었다. 우리의 힘을 숨겼던 바로 그곳에 이 사실을 숨겨왔다. 고통은 우리의 꿈 속에, 우리의 시 속에 놓여 있다. 그리고 우리의 꿈과 우리의 시는 자유를 향해 가는 길을 가리키고 있다.

여러분은 내게 교사로서의 시인에 관해 느끼는 바를 말해 달라고 요청했다. 나는 여러분에게 나 자신을 드러내 보여준다. 나는 여러분에게 여러분 각자의 자아를 드러내 보여준다. 여러분의 감정이 지닌 힘을 사랑하는 법을 배우기를, 그리고 여러분 자신을 위해 그 힘을 오롯이 사용하는 법을 배우기를 바란다.

13

어머니의 절구

내가 자라온 어머니의 집에는 향신료들이 있었고 개중에는 갈아서 쓰거나 빻아서 쓰는 것들이 있었다. 향신료나 마늘, 여러 허브들을 빻을 때면 절구를 썼다. 제 몫을 하는 서인도제도 여성*이라면 누구나 자기만의 절구를 하나씩 가지고 있었다. 절구를 잃어버리거나 깨뜨릴 경우, 다리 아래쪽 파크애비뉴 시장에서 다른 것을 살 수는 있었다. 그곳에서 파는 것은 주로 푸에르토리코산 절구였는데 나무로 정확히 똑같은 방식으로 만든 것인데도 이상하게 서인도제도산 절구만큼 좋지 않았다. 어느 지역의 절구가 가장 좋은 것인지 명확히 알 수는 없었지만 '고향'이라고 부르는, 딱 잘라 말하긴 어렵지만 신비로울 정도로 완벽한 장소의 근처에 있을 거라는 것만은 알았다. '고향'은 서인도제도, 정확히는 그레나다나 바베이도스였고 그 '고향' 물건들은 늘 특별했다.

어머니의 절구는 아름다운 물건이었는데 확실히 어머니의 다른 물건들과는 달랐으며 다른 사람들이 어머니에 대해 갖고 있는 인상과도 분명히 달랐다. 내가 기억하기로 절구는 오랫동안 부엌 찬장 선반 위에 견고하고 우아하게 놓여 있었고 나는 그것을 너무도 소중히 생각했다.

그 절구는 벚나무라기에는 색이 짙고 호두나무치고는 붉

---

* 로드의 어머니는 서인도제도 그레나다 사람으로 미국에 온 이주민이다.—옮긴이

은 색깔의 이국적인 향기가 나는 나무로 만들어졌다. 어린 내가 보기에 외양은 복잡하면서도 매혹적인 조각으로 장식되어 있었다. 둥근 자두와 뭐라 콕 집어 말할 수 없는 타원형의 과일이 있었는데, 어떤 것은 바나나처럼 길게 홈이 파여 있고, 다른 것은 잘 익은 아보카도처럼 끝으로 갈수록 부푼 알 모양이었다. 이들 사이에는 체리처럼 둥근 열매들이 서로를 마주보고 있었다.

나는 조각된 과일의 단단하면서 둥근 부분을 손가락으로 만지는 것을 좋아했는데 특히 그 조각이 절구 테두리에서 끝나면서 갑작스럽게 사라지는 부분이나 우묵한 절구통이 느닷없이 아래로 경사를 이루다가 부드럽지만 갑자기 효율적으로 타원을 그리는 부분을 좋아했다. 이 나무로 만든 유용한 물건이 지닌 묵직한 견고함은 언제나 내게 안전함과 충만감을 느끼게 해주었다. 마치 절구 안에서 다져진 온갖 다양한 향과 맛으로부터 예전에 즐겼던, 그리고 앞으로 즐기게 될 맛있는 만찬에 대한 환상이 떠오르는 것 같았다.

절굿공이는 가늘고 끝으로 갈수록 더 가늘어지는 모양의 막대기였는데 절구통과 같은 신비로운 장밋빛 나무로 만들어졌다. 절굿공이는 손에 자연스럽고 익숙하게 잘 맞았다. 실제 모양은 굽은목호박 같았는데 조금 더 펴지고 약간 비틀어진 생김새였다. 혹은 가늘고 긴 꼭지를 가진 아보카도 같기도 했다. 전체가 물건을 빻기에 매우 효율적인 형태로 만들어졌으며 목재가 주는 부드러운 단단함과 열매의 향을 잃지 않았다. 다른 절굿공이들에 비해 끝에 빻는 부분이 약간 더 커서 넓은 곡선 부분이 절구통에 손쉽게 더 잘 맞았다. 오래 사용하여 절구통의 닳은 속에 수년간 부딪히고 마모된 덕택에 나무 절굿공이의 표면은 부드러워져 있었고, 얇은 섬유층이 마치 벨벳처럼 둥근 끝을 감싸고 있었다. 마찬가지로 절구 안쪽 바닥도 으깨진 나무층이 벨벳처럼 덮여 있었다.

어머니는 향신료 빻는 일을 그다지 좋아하지 않았으므로 막 나오기 시작한 가루 제품들을 요리사의 축복으로 여겼다. 그렇지만 마늘, 양파, 후추 등 특별히 풍미 있는 블렌딩을 필요로 하는 요리들이 있었고, [서인도제도의 전통 요리인] 사우스^{souse}도 그중 하나였다.

어머니의 사우스 요리에서 어떤 고기가 들어가는지는 중요하지 않았다. 염통이나 자투리 고기가 들어가기도 하고, 형편이 좋지 않을 때는 닭 등심이나 모래주머니를 넣기도 했다. 사우스를 그토록 특별하고 잊을 수 없는 요리로 만드는 비결은 잘 빻은 허브와 향신료의 매콤한 혼합물을 고기에 발라 조리하기 전 몇 시간 동안 재워두는 것이었다. 어머니는 당신이 가장 잘한다고 생각하는 요리와 좋아하는 요리에 대해 확고한 생각을 가지고 있었지만 분명한 건 사우스는 그 어느 쪽도 아니었다.

식사 준비를 할 때 보통 우리 세 자매는 그저 거들기만 했다. 그러다 아주 가끔 어머니는 우리 셋 중 한 명에게 메뉴를 고르게 하셨다. 그럴 때면 언니들은 늘 친척집에서 맛있게 먹었지만 우리 집에서는 매우 드물게 먹었던, 혹은 금기처럼 여겨졌던 요리 중 하나를 선택하곤 했다. 그들은 케첩 소스를 듬뿍 바르거나 바삭한 보스턴식 구운 콩을 곁들인 핫도그나 남부식으로 빵가루를 입혀 바삭하게 튀긴 미국식 치킨 요리, 학교에서 맛본 크림이 든 어떤 음식, 혹은 크로켓 종류나 튀김 요리를 선택했다. 심지어 한번은 남부 지역의 도로 먼지를 그대로 뒤집어쓴, 나무로 된 낡은 픽업트럭에서 파는 신선한 수박 한 조각을 사달라며 터무니없이 대담한 요청을 하기도 했다. 그 트럭 뒤에는 모자를 거꾸로 쓴 뼈만 남은 젊은 흑인이 매달려 "수우우바아악~~~"이라고 요들송을 부르듯이 소리치곤 했다.

나도 먹고 싶은 미국식 요리들이 많았지만 1년에 한두 번 내가 메뉴를 선택할 때면 언제나 사우스 요리를 부탁했다. 그러면 어머니의 절구를 사용할 수 있을 테고 그 자체가 어떤 금지된 음식보다 내게 특별했기 때문이다. 핫도그나 크로켓 같은 건 정말 간절히 먹고 싶으면 아버지의 주머니에서 돈을 훔쳐 학교 식당에서 사먹으면 그만이었다.

일말의 고민도 없이 언제나 나는 "엄마, 사우스 먹어요"라고 말했다. 부드러우면서 매콤한 고기의 맛과 어머니의 절구를 사용할 때 느끼는 촉각적 즐거움은 내 마음속에서 늘 동시에 떠올랐다.

"그렇지만 그 많은 재료를 으깰 시간이 어디 있니?" 어머니는 짙은 검은 눈썹 아래 날카로운 회색 눈동자로 눈치를 주곤 하셨다. "도대체 아이들은 생각이란 걸 하지 않아"라고 말하고는 하던 일을 계속했다. 아버지와 함께 사무실에서 퇴근하면 어머니는 그날의 영수증을 확인하거나 부모님이 관리하는 하숙집에서 매일같이 나오는 층층으로 쌓인 더러운 빨랫감들을 세탁하곤 했다.

그럴 때면 고대의 비밀스러운 손으로 써내려간 대본을 읽듯 "아, 엄마, 그러면 마늘은 제가 빻을게요"가 나의 다음 대사였다. 그리고 바로 찬장으로 가서 그 무거운 목재 절구와 절굿공이를 잡아 들었다.

아이스박스 안의 마늘 보관통에서 마늘 한 통을 꺼내서는 꼭지에서부터 열 쪽이나 열두 쪽의 마늘을 떼어냈다. 라벤더 색깔의 얇은 껍질을 조심스레 벗겨내고 마늘을 세로로 길게 반으로 잘랐다. 그런 다음 대기하고 있던 절구의 넉넉한 통에 한 조각씩 떨어뜨렸다. 작은 양파 하나를 가져와 나중에 고기 위에 놓을 것을 따로 떼어두고 나머지 조각을 4등분해서 그것 역시 절구에 던져넣었다. 다음은 굵게 간 신선한 후추를 넣고 전체 재료를 소금으로 소복이 덮어주었다. 마지막으로 혹시 집에 있다면 셀러리 몇 잎을 넣으면 된다. 어머니는 가끔 피망 한 조각을 으깨어 넣으시곤 했지만 나는 절굿공이에 짓이겨진 피망의 질감을 좋아하지 않아 피망은 나중에 썬 양파와 함께 양념을 발라 재워둔 고기 위에 올렸다.

모든 재료를 절구통 안에 넣은 후, 그 모든 재료가 잘 섞이도록 절굿공이를 통 안에 가져가 부드럽게 아래로 내리밀며 천천히 손잡이를 몇 번 돌렸다. 그러곤 절굿공이를 들어올리고 다른 한 손으로 절구의 조각된 부분을 단단히 잡으면서 향이 밴 손가락으로 그 새겨진 과일 무늬를 부드럽게 쓰다듬었다. 나무로 된 절굿공이를 날카롭게 내리치면서 사이사이 튀어오르는 소금과 마늘 알갱이들을 느끼곤 했다. 다시 위, 아래, 둥글게, 다시 위로, 그렇게 리듬이 시작되었다. 쿵 내리치고 돌면서 문지르고 다시 위로 가는 리듬이 계속 반복되었다. 찧은 양념 위로 절굿공이가 조용히 쿵하고 떨어질 때 소금과 후추는 천천히 마늘과 셀러리 잎의 즙을 빨아들여 촉촉해졌다. 절구통에서 솟아오르는 어우러진 향들. 손가락 사이로 느껴지던 절굿공이의 감촉과 절구통이 흔들리지 않도록 내 몸 쪽으로 잡아당길 때 손바닥과 손가락에 느껴지던 절구통 바깥에 조각된 둥근 과일들의 감촉. 이 모든 것이 향기와 리듬, 운동과 소리의 세계로 나를 이끌었고 재료들이 즙이 되어갈수록 그 느낌은 점점 더 신이 날 정도로 강렬해졌다.

때로 어머니는 가벼운 짜증이 담긴 눈길로 나를 쳐다보곤 했는데, 그건 어머니에게서 볼 수 있는 그나마 부드러운 모습이었고, 평소의 격렬한 짜증에 비해 내게는 늘 반가운 변화였다.

"거기서 마늘 수프라도 만들고 있는 거니? 그만 됐어. 이제 가서 고기를 가져오렴." 그러면 나는 아이스박스에서 가령

양 염통을 가져와 준비하기 시작했다. 매끄럽지만 단단한 근육 상단의 굳은 핏덩이를 잘라내고 타원형 염통을 네 개의 쐐기 모양으로 나누었다. 그리고 손가락 끝으로 절구에서 양념 덩어리를 덜어 각각의 고기 조각에 문질렀다. 마늘과 양파, 셀러리의 톡 쏘는 냄새가 부엌을 감싸곤 했다.

마지막으로 내가 사우스 요리를 위한 양념들을 빻은 건 열네 살 여름이었다. 그해 여름은 매우 불쾌했다. 고등학교 1학년을 막 마쳤을 때다. 나는 새로 사귄 친구들—그 아이들은 같은 도시의 다른 지역에 살았다—을 만나러 가는 대신 어머니와 병원을 전전해야 했다. 어머니는 내게 들릴까 조심하며 오랫동안 의사들과 속삭였다. 어머니가 수많은 나날을 오전에 사무실에 출근하지 않은 것으로 보아 매우 중대한 문제였을 것이다. 어머니는 내가 열네 살 반이 되었는데도 아직 생리가 없는 것을 염려했다. 가슴은 부풀어올랐지만 생리가 없어서 어머니는 내가 '뭔가 잘못된 것'이 아닐까 염려했다. 그러나 생리와 관련된 미스터리를 어머니는 한 번도 나와 상의하지 않았기 때문에 내 몸에 관한 것이지만 정작 당사자인 나는 그 모든 속삭임이 무엇에 관한 것인지 몰라야 했다.

물론 나는 당시 공공도서관의 사서 자리 뒤쪽 문 닫힌 선반에 있던 구하기 어려운 책들을 통해 그 당시에 내가 알 수 있는 만큼은 알고 있었다. 나는 그 책들을 손에 넣기 위해 부모님의 허가서를 위조했고, 별도로 마련된 책상에서 사서가 지켜보는 가운데 그 책들을 읽었다.

유용한 정보가 많진 않아도 흥미로운 책이었고, 생리나 배란, 질 같은 용어들을 담고 있었다.

그보다 4년 전, 나는 내가 임신했는지를 알아야만 했다. 도서관에서 집으로 가는 도중 나보다 훨씬 큰 같은 학교 남자아이가 옥상 위로 올라오라고 한 후 내 다리 사이에 그 아이의 물건을 집어넣게 해주지 않으면 내 안경을 부술 거라고 위협했기 때문이다. 당시 나는 임신이 섹스와 관련이 있다는 것과 섹스가 그 가늘고 연필같이 생긴 것과 관련이 있다는 것, 그리고 일반적으로 섹스는 추잡한 거라 점잖은 사람들은 입에 올리지 않는다는 것만 알았다. 나는 어머니가 알아차리면 어쩌나 하는 생각에 두려웠다. 도리스는 세인트마크스학교에 같이 다니는 동급생이었고 여자애였지만 그 애가 살던 집의 복도에 있던 우편함을 들여다보는 일조차 금지되던 때였다. 여름은 늘 외로웠지만 특히 열 살의 그해 여름은 더했다.

집에 온 후 씻고는 도서관에서 늦게 돌아온 이유에 대해 거짓말을 하고 늦게 귀가했다는 이유로 매를 맞았다. 그해 7월 4일 독립기념일과 노동절[미국의 노동절은 9월 첫 번째 월요일이다] 사이에 거의 매일 이런저런 이유로 매를 맞았던 걸 보면 그해 여름은 부모님도 직장에서 힘든 해였던 듯하다.

매 맞지 않을 때면 135번가에 있는 도서관에 숨어서 닫힌 선반에 있는 책들을 읽기 위해 어머니의 허가서를 위조했다.

그리고 섹스와 아이가 생기는 것에 관해 읽고는 임신할 때까지 기다렸다. 생리와 임신 사이의 연관성을 명확하게 말해주는 책은 없었지만, 페니스와 임신의 관계에 대해서는 매우 명확했다. 어쩌면 그 혼란은 다 내 머릿속에서 일어난 것이었는지도 모른다. 나는 빨리 읽긴 해도 꼼꼼히 읽는 편은 아니었기 때문이다.

그런 이유로 4년 뒤 열네 살이 되던 해, 나는 겁에 질린 어린 소녀가 되어 있었다. 끝없이 늘어선 의사들 중 한 명이 내 몸을 검진하고는 4년간 숨겨온 내 치부를 발견하고 어머니에게 "아핫! 이게 이유였군요. 따님은 곧 임신하게 될 겁니다"라고 말할까봐 살짝 두려움에 떨고 있었던 것이다.

한편으로는 내가 무슨 일이 일어나고 있는지를 알고 있으며, 무엇 때문에 이 병원 저 병원을 전전하는지도 알고 있다는 사실을 어머니에게 말했다면 어머니는 내가 어떻게 그런 것들을 알게 되었는지, 어머니가 알려준 적이 없는 사실을 어디서 알 수 있었는지를 묻고, 나는 그 질문에 답할 수 있었을 것이다. 그러면 나는 금지된 책과 위조한 허가서와 옥상과 계단에서의 대화 같은 그 끔찍하고 죄책감 가득한 이야기를 밝힐 수 있었을 것이다.

옥상에서의 그 일이 있은 지 1년 후 우리 가족은 좀 더 부유한 지역으로 이사했고 나는 전학을 갔다. 전학한 학교 아이들은 세인트마크스학교 아이들보다 섹스에 관해 더 많이 알고 있는 것처럼 보였다. 8학년 때 나는 돈을 훔쳐서 애덜라인에게 담배 한 갑을 사주고 애덜라인은 아이가 어떻게 생기는지에 관해 내가 책을 통해서만 알고 있던 것을 확인시켜주었다. 애덜라인의 생생한 묘사에 나는 생각에 잠겼다. 분명히 애덜라인이 모르는 다른 것이 있을 듯했다. 우리 부모님도 아이가 있지만 내가 알기로 그들은 결코 그런 짓을 하지 않았기 때문이다. 어쨌든 애덜라인이 말한 기본적인 원칙은 내가 《청소년 가족 백서》에서 읽은 것들과 동일했다.

그래서 열네 살 되던 해 여름, 진찰실에서 진찰실을 오가면서 나는 입을 꾹 다문 채 다리를 벌리고 있었다. 7월의 어느 뜨거운 오후 바지에 묻은 피를 보았을 때 나는 조용히 욕실에서 바지를 세탁한 후 젖은 바지를 다시 입었다. 어머니와 내 걱정이 마침내 모두 끝났다는 소식을 어머니에게 어떻게 알려야 할지 몰랐기 때문이었다. (이 시기 내내 나는 생리가 임신하지 않은 신호라는 것만은 적어도 이해하고 있었다.)

그 후엔 마치 어머니와 내가 오래되고 정교한 한 편의 춤을 춘 것 같은 일이 일어났다. 나는 그 소식을 어머니에게 직접 말하지 않고 알리기 위해 일부러 변기에 얼룩을 남겼고 어머니는 마침내 알아차린 후 꾸짖는 듯한 말투로 말했다.

"왜 말하지 않았니? 걱정할 건 아무것도 없어. 이제 더 이상 어린애가 아니라 다 큰 여자가 됐다는 거란다. 가게에 가서 달라고 할 게 뭐냐면……"

나는 이 모든 끔찍한 일이 마침내 끝났다는 사실에 안도했다. 한 개의 입으로 이중적 메시지를 말하는 것은 너무 어려운 일이었다. 한편 옆에서 어머니는 앞으로 일어날 악몽 같은 일들과 해서는 안 될 행동들을 나열하고 있었다.

"이제 몸가짐을 조심하고 톰, 딕, 해리 같은 애들과 너무 친하게 지내지 말고……"(나는 그런 남자아이들에 대해 아는 바 없으니 이것은 분명 방과 후 늦게까지 여자친구들과 이야기하지 말라는 뜻일 것이다.)

"또 하나 명심할 건, 아버지가 보실 수도 있으니 신문지에 싼 생리대가 욕실 바닥에 굴러다니지 않도록 하고. 부끄러운 일은 아니지만, 그래도. 또 기억해야 될 게……"

이런 훈계의 와중에도, 어머니에게서 뭐라고 딱히 집어낼 수는 없는 다른 무언가가 느껴졌다. 평소 나와 어머니 사이에서는 친밀한 순간을 의미하는, 즐거움과 짜증이 공존하는 주름잡힌 이마와 반쯤 어린 미소가 거기 숨겨져 있었다. 어머니의 잔소리와 혼란스러운 말에도 불구하고 나는 뭔가 만족스럽고 즐거운 일이 어머니에게 일어나고 있음을 느꼈다. 우리 둘 다 아주 현명하고 비밀스러운 이유로 아닌 척하고 있었지만 나중에 내가 몸가짐을 바르게 하면 이해하게 되리라는 것 또한 느꼈다. 그 모든 일이 끝난 후 어머니는 내가 가게에서 사온 수수한 포장지에 싸인 코텍스 생리대 박스와 패드 고정대를 나에게 내밀었다.

"시간이 벌써 이렇게나 됐네. 저녁으로 뭘 먹지?"라며 어머니는 내 대답을 기다렸다. 처음엔 그 말을 이해하지 못했지만 이내 신호를 알아차렸다. 그날 아침 아이스박스에 있던 자투리 소고기를 이미 보았던 터라 "엄마, 사우스 먹어요. 제가 마늘을 빻을게요"라고 말했다. 나는 생리대 박스를 부엌 의자 위에 두고는 기대에 차서 손을 씻기 시작했다.

"네 일부터 먼저 처리하렴. 이건 아무 데나 놔두면 안 된다고 말하지 않았니?" 어머니는 일하고 있던 대야에 담갔던 손을 닦고는 수수한 포장지로 싼 코텍스 생리대 박스를 다시 건넸다.

"지금 나가봐야겠다, 가게에서 차를 사오는 걸 깜박했네. 양념 잘 배게 고기 문지르는 거 잊지 말고."

부엌에 다시 왔을 때 어머니는 계시지 않았다. 나는 부엌 찬장으로 가서 절구와 절굿공이를 가져왔다. 새롭고, 특별하고, 낯설고, 의심스러운 감각 모두를 동시에 느꼈다.

마치 달 표면을 가로지르는 바람처럼 가느다란 긴장감이 온몸을 앞뒤로 휩쓸고 지나가는 듯했다. 다리 사이로 면 패드의 살짝 튀어나온 부분이 닿는 것이 느껴졌다. 날염 블라우스 앞섶에서는 따뜻하면서 섬세한 빵나무 열매 냄새가 났다. 에로틱하고 부끄럽지만 은밀하며 달콤한 나 자신에게서 피어나는 여성의 향이었다.

(성장한 후 그날 맡았던 냄새를 생각할 때마다 나는 어머니에 대한 환상을 떠올리곤 했다. 환상 속에서 어머니는 세탁 후 손을 닦고 앞치마를 풀어 말끔하게 개어둔 뒤 소파에 누워 있는 나를 내려다봤다. 천천히, 그리고 완전하

게 우리는 사랑을 나누었다.)

절구를 아래로 내려 밑면 모서리로 마늘을 깨고 얇은 종이 같은 껍질을 서둘러 벗겨주었다. 자른 마늘을 약간의 후추와 셀러리 잎과 함께 절구통 안에 넣었다. 마늘과 후추 그리고 연초록색 셀러리 잎 위에 마치 눈송이처럼 흰 소금을 부었다. 양파와 약간의 피망 조각을 던져넣고는 절굿공이로 손을 뻗었다.

절굿공이가 손가락 사이로 미끄러져 바닥에 툭 떨어졌고 몸을 굽혀 다시 집을 때까지 앞으로 반원을 그리며 굴러갔다. 나무로 된 막대 머리 부분을 잡고 다시 몸을 들어올렸을 때 귀에 희미하게 울리는 소리가 났다. 절굿공이를 닦지도 않고 절구통에 던져넣고는 덮은 소금이 갈리고 그 바로 아래 마늘 조각들이 으깨지는 것을 느꼈다. 아보카도 모양의 목재 절굿공이를 아래로 내리치면서 닿는 속도를 줄이고 앞뒤로 천천히 돌린 다음 위아래 박자에 맞춰 리듬을 부드럽게 바꾸었다. 앞뒤로, 둥글게, 위아래로, 앞뒤로 둥글게 둥글게 위아래로…… 흥분되면서도 위험스러운 묵직한 충만감이 내 깊은 곳에 자리잡았다.

계속해서 양념들을 찧는 동안 매끈한 절굿공이를 단단히 둥글게 감싸면서 끈질기게 아래로 움직이는 손가락 근육과 내 몸의 말랑말랑한 중심부 사이에 생기에 찬 관계가 생겨나는 듯했다. 가슴 깊숙한 곳 새롭게 숙성된 충만함이 몸의 중심부로 흘러들어갔다. 노출된 클리토리스처럼 팽팽하고 민감하게 당겨진 보이지 않는 실이 내 구부린 손가락을 거쳐 둥근 갈색 팔을 지나 촉촉한 겨드랑이까지 이어지는 듯했다. 겨드랑이의 따뜻하면서도 선명한 체취는 절구 속 잘 익은 마늘 냄새와 한여름의 비지땀 냄새와 뒤섞여 낯설고 새로운 향을 뿜어냈다.

보이지 않는 실은 갈비뼈를 타고 척추를 따라 들떠서 노래하며, 양념을 두드리며 낮은 부엌 조리대에 기대고 있던 엉덩이 사이에 자리잡은 분지로 들어갔다. 분지 안에는 밀물처럼 밀려오는 피의 바다가 현실이 되어 내게 힘과 정보를 제공하기 시작했다.

벨벳을 댄 듯한 절굿공이가 양념이 깔린 바닥을 치고 충격으로 삐걱거렸고, 그 충격이 실을 따라 보이지 않는 통로를 타고 내 몸의 중심부로 들어오면서 그 반복되는 충격의 강도가 점점 더 견딜 수 없게 되었다. 이제는 폭행처럼 느껴지는 타격이 반복될 때마다 엉덩이 사이에 떠 있는 갯벌의 분지는 크게 흔들렸다. 나도 모르게 아래로 치는 절굿공이의 타격은 점점 더 부드러워졌고 마침내 벨벳 같은 절구의 표면이 바닥에 액화된 덩어리들을 거의 애무하는 듯했다.

동작의 전체적인 리듬이 부드러워지고 길게 늘어지면서 마침 꿈속처럼 조각이 새겨진 절구를 한 손으로 단단히 쥔 채 몸의 중심부에 고정시켰다. 그리고 다른 손으로는 절굿공이를 잡고 촉촉한 양념을 문지르고 눌러가며 원을 그릴 준비를 하고 있었다.

따뜻한 부엌에서 특정한 음조 없이 혼자 콧노래를 흥얼거리면서 나는 여성이 된 내 삶이 앞으로 얼마나 단순할지 생각하며 안도감을 느꼈다. 어머니가 말씀하셨던 생리에 대한 끔찍한 경고 사항들은 머리에서 사라졌다. 강하고 충만하고 자유로운 기분을 느끼며 절굿공이의 부드러운 동작과 부엌을 가득 채우는 풍성한 냄새, 그리고 한여름 열기가 뿜어내는 충만함에 매료되어 있었다.

어머니가 열쇠로 현관문을 여는 소리가 들렸다.

어머니는 항해 중인 배처럼 힘차게 부엌으로 들어왔다. 인중에는 작은 땀방울이 맺혀 있고 이마 사이에는 직선의 주름이 생겼다.

"아직도 고기가 준비되지 않았다고 말할 참이니?" 어머니는 차 꾸러미를 탁자 위에 두고는 내 어깨 너머로 들여다보며 지겹다는 듯 넌더리 내며 혀를 찼다. "지금까지 뭘 한 거니? 음식 가지고 장난하느라 밤을 새울 참이야? 내가 가게에 갔다 돌아오는 동안 고기를 양념할 마늘 몇 조각도 으깨놓지 않았다니! 이러면 안 되는 걸 알지 않니? 왜 이렇게 날 괴롭히는 거니?"

어머니는 절구와 절굿공이를 내게서 뺏어 힘차게 갈기 시작했다. 절구통 바닥에는 아직 몇 개의 마늘이 남아 있었다.

"이렇다니까!" 어머니는 재빨리 절굿공이로 절구통 안을 치며 남은 마늘을 으깼다. 나무끼리 묵직하게 부딪치는 소리가 났고 그 강한 충격이 내 몸에서 느껴졌다. 마치 뭔가가 내 안에서 부서지는 듯했다. 쿵, 쿵. 절굿공이가 오래된 익숙한 방식으로 단호하게 위아래로 움직였다.

"거의 다 으깰 참이었어요, 어머니"라고 항변하며 아이스 박스로 몸을 돌렸다. "고기를 가져올게요." 뻔뻔하게 말대답을 하다니 나도 깜짝 놀랄 일이었다.

내 목소리에 담긴 무언가가 어머니의 효율적인 동작을 중단시켰다. 어머니는 내가 은연중 내비친 반박을 무시했다. 반박은 우리 집에서는 엄격하게 금지된 반역 행위였다. 절구를 치는 동작이 그쳤다.

"도대체 왜 그러니? 아픈 거야? 가서 눕고 싶은 거니?"

"아뇨, 엄마. 괜찮아요."

그러나 어머니는 내 팔 윗부분을 강하게 손으로 잡아 돌려 세우고는 다른 손으로 내 턱 아래를 잡고 내 얼굴을 빤히 들여다보았다. 어머니의 목소리가 부드러워졌다.

"생리 때문에 오늘 몸이 처지니?" 어머니는 내 턱을 살짝 흔들었고 나는 이제는 거의 부드러워진 반쯤 감은 듯한 회색 눈을 올려다보았다. 갑자기 부엌이 답답할 정도로 뜨겁고 고요하게 느껴졌고 온몸이 떨리기 시작했다.

영문 모를 눈물이 흐르기 시작했고 양념을 빻으며 느꼈던 온몸을 뒤흔드는 오랜 즐거움이 지금부터는 다르게 느껴지리라는 것을 깨달았다. 또한 어머니의 부엌에서는 어떤 일을 하든 오직 하나의 방법만이 올바른 방법으로 허용되리라는 것도 깨달았다. 어쩌면 나의 삶은 그리 단순하지 않을 것이다.

어머니는 조리대에서 물러나더니 묵직한 팔로 내 어깨를 감쌌다. 어머니의 팔과 몸 사이에서 따뜻한 여자의 냄새가 났다. 그 냄새는 글리세린과 장미 향수, 그리고 숱 많은 올림머리의 냄새와 섞였다.

"저녁 음식은 내가 마무리하마." 어머니는 미소지었다. 부드럽고 짜증이 배어 있지 않은 목소리였다. 낯설지만 반갑기도 했다.

"들어가 소파에 좀 누우렴. 따뜻한 차를 가져다주마."

내 어깨에 두른 어머니의 팔은 따뜻했고 약간 축축했다. 어머니의 어깨에 머리를 기댔다. 시원하고 어두운 거실로 어머니가 나를 이끌 때 나는 어머니와 키가 거의 비슷하다는 사실에 놀라면서도 기뻤다.

3 부

차 이 와 생 존

차이와 생존

헌터대학교 연설

오늘 여기에 약간은 어리둥절하면서도 바라건대 높은 자긍심을 느끼며 앉아 있을 여러분에게, 저는 시인으로서 꼼꼼한 탐색의 과정에서 친밀감을 얻어가기를 권합니다. 우리 각자가 친밀감을 감당하는 법을 배운다면 우리의 삶을 지배하고 우리에게 침묵을 강요하는 더 나쁜 형태의 두려움들은 이내 그 힘을 잃고 말 것이기 때문입니다.

지난주에 저는 여러분 중 몇 분에게 어떤 방식으로든 여러분 자신이 다르다고 느끼는지 물었습니다. 여러분은 매우 빠르게, 그리고 비슷한 어조로 이렇게 대답하더군요. "오, 아니에요, 물론 아니죠. 저는 제가 다른 사람들과 다르다고 생각하지 않아요." 여러분 각자가 나의 질문을 "당신은 ……보다 더 나은 사람입니까"로 들었다고 해도 그건 우연이 아닙니다. 여러분은 지금 여기에 앉아 있습니다. 어떤 특정한 방식으로, 어떤 특정한 곳에서, 어떤 이유로든지 여러분은 탁월해지기로, 스스로 눈에 띄는 존재가 되기로 결정했기 때문이지요. 그리고 그것이 이 특별한 장소와 시간에 자리한 여러분을 다른 존재로 만듭니다. 제가 여러분에게 긍정하고 탐구하라고 촉구하는 것이 바로 그 차이입니다. 그 차이가 언젠가 여러분과 저를 억압하는 방식으로 이용되지 않도록 하기 위해서는 바로 그 차이를 탐구해야 합니다. 우리는 우리의 차이 속에서 가장 강력한 존재가 되기도 하고, 가장 취약한 존재가 되기도 합니다. 우리의 삶에서 가장 어려운 과제들 중 두 가지는 차이를 주장하는 것, 그리고 그 차이를 우리 사이를 가로막는 장애물이 아니라 우리를 이어주는 다리로 활용하는 법을 배우는 것입니다.

아웃사이더 집단을 잉여 인간으로 필요로 하는 영리경제에서 우리는 다음과 같은 세 가지 중 하나의 방식으로 차이에 반응하도록 사회화됩니다. 우리가 느끼는 감각이 증언하는 바를 부인함으로써 차이를 무시하는 것, 즉 "오, 저는 정말 알아보지 못했어요"라는 식으로 부인하는 것이 그 첫 번째입니다. 이렇게 무시할 수 없을 경우, 우리는 모방과 파괴라는 두 가지 방식 중 하나로 차이를 중화하려고 시도합니다. 우리가 차이를 알아가는 과정에서 그 차이가 좋은 것으로 여겨진다면, 즉 현상태를 유지하고 동일성의 신화를 영속화하는 데 유용한 것으로 여겨진다면 우리는 그것을 모방하려고 노력합니다. 그 차이가 나쁜 것, 즉 혁명적이거나 위협적인 것으로 규정된다면 우리는 그것을 파괴하려고 합니다. 반면 차이들을 가로질러 평등한 존재로 관계를 맺는 사례는 거의 없습니다. 우리가 지닌 차이를 우리 스스로 주장하지 않는다면, 그 차이들은 우리를 억압하며 분리와 혼란을 조장하는 방향으로 이용됩니다. 왜냐하면 우리가 이 차이들을 오로지 지배/종속, 좋음/나쁨, 우월/열등 등의 대립으로만 보기 때문입니다. 사람들 사이에 차이가 존재한다는 것이 어떤 사람은 열등해야 한다는 것을 의미하는 한, 이런 차이들을 인정하는 행위에는 죄책감과 위험만이 가득할 것입니다.

이미 사회가 확립되어 있는 상황에서, 어떤 차이가 긍정적이고 어떤 차이가 부정적인지는 사회가 결정합니다. 그리고 사회는 그 차이를 유지할 방법을 궁리하며 그 장점뿐 아니라 단점도 영속화합니다.

탁월하다는 것은 긍정적 차이로 간주되고, 그래서 여러분은 스스로를 엘리트라고 생각하라고 독려받을 겁니다. 가난한 사람, 백인이 아닌 사람, 여성, 동성애자, 노인인 것은 부정적인 차이로 여겨지기에 이런 사람들은 스스로를 잉여로 여기게 됩니다. 이렇게 규정된 하나하나의 정의는 인간의 성장과 진보가 아니라 분열에 기여합니다. 이러한 정의는 차이의 비인간화를 드러내기 때문입니다.

분명히 우리 사이에는 매우 실재적인 차이, 즉 인종, 성, 나이, 섹슈얼리티, 계급, 비전의 차이가 있습니다. 그렇지만 우리를 따로따로 갈라놓고 우리가 공유하는 공통점을 파괴하는 것은 이러한 차이들이 아닙니다. 그보다는 우리가 우리의 차이를 주장하지 않거나 우리 스스로 정의하지 않을 때 그 차이를 잘못 명명하거나 변칙적으로 사용함으로써 발생하는 왜곡이 문제입니다. 이러한 왜곡을 검토조차 하지 않을 때, 우리를 분열시키는 차이가 발생하는 것입니다.

인종차별주의. 한 인종이 다른 모든 인종보다 본래 우월하기에 지배할 권리를 가진다는 믿음. 나이 차별. 이성애중심주의. 엘리트주의. 이런 것들은 인간 사이의 차이를 둘러싸고 만들어진 왜곡들 중 일부로, 분열의 심화라는 목적에 봉사합니다. 삶에서 이러한 왜곡을 뿌리 뽑는 것은 우리 각자가 평생에 걸쳐 추구해야 할 목표입니다. 그와 동시에 우리에게 주어진 차이를 인식하고, 재주장하고, 정의하면서 이들 차이가 우리가 공유해야 할 미래에 관해 우리에게 무엇을 가르쳐줄 수 있는지를 탐구해야 합니다. 영원히 이런 왜곡 속에서 살 수는 없습니다. 이 왜곡들은 우리 사회에 고질적인 것이어서, 우리는 차이를 드러내는 데 필요한 에너지를 차이가 존재하지 않는 척하는 일에, 그리하여 허위나 기만을 부추기는 일에 쏟아붓습니다. 아니면 이 차이들이 극복 불가능한 장애물이라도 되는 양 굴면서 자발적 고립을 부추깁니다. 어느 쪽이든, 우리의 차이를 우리 삶 내부에서 일어날 창조적 변화를 이끌 발판으로 활용하기 위한 도구는 만들어낼 수 없습니다.

우리는 심지어 인간의 차이에 대해서도 말하지 않습니다. 인간의 차이는 속성들을 비교함으로써 드러나는데, 이 속성들은 그것이 우리 삶에 얼마큼의 영향력을 미치며, 우리의 삶을 어느 정도 밝혀줄 수 있느냐에 의해 가장 잘 평가될 수 있습니다. 그런데 우리는 차이 대신 일탈에 대해서 말합니다. 일탈은 사람의 속성과 이미 확립되어 오래전에 굳어진 구성물 간의 관계를 기준으로 판단합니다. 내가 신화적 규범^{mythical norm}이라 부르는 것은 우리 모두의 의식의 가장자리 어디엔가 존재합니다. 우리 각자는 마음 깊은 곳에서 신화적 규범이 "나에게 해당하지는 않는다"라고 생각합니다. 미국 사회에서 이 신화적 규범은 대체로 백인이고, 날씬하고, 남성이고, 젊고, 이성애자이고, 기독교인이고, 경제적으로 안정적인 것으로 정의됩니다. 이 신화적 규범 속에 바로 권력의 덫이 있습니다. 이런저런 이유로 우리는 이 권력의 외부에 있기에, 우리는 종종 우리의 차이를 만들어내는 한 가지 방식을 정의한 뒤 바로 그 점이 모든 억압의 일차적 원인이라고 가정하지요. 우리는 차이를 둘러싼 여러 가지 왜곡이 있다는 사실을 잊고, 심지어 어떤 왜곡들은 일상생활에서 우리 스스로 저지르게 됩니다. 차이를 인정하지 않음으로써 우리는 서로에게서 에너지와 창조적 통찰을 빼앗고 허위적 위계를 만들어냅니다.

이것은 우리 한 사람 한 사람에게 무엇을 의미할까요? 나 스스로 나의 차이를 정의해야 한다는 뜻입니다. 차이가 누군가에 의해 정의되어 어떠한 미래나 어떠한 변화도 불가능하게 만드는 방향으로 그 차이를 이용하기 전에 여러분이 여러분의 차이를 정의하고, 그 차이를 주장하고, 또 그것을 창의적으로 사용해야 한다는 뜻입니다.

여러분은 탁월해지는 것이 무엇을 뜻하는지, 경쟁에 굴하지 않는 것이 무엇을 뜻하는지, 여러분이 그렇게 하는 이유가 무엇인지를 결정해야 합니다. 그렇지 않으면 지금 당장은 안전과 동일성을 보장해주는 것처럼 보이기에 좋게만 정의되는 여러분의 능력과 차이가 여러분의 창조력 부재를 보여주는 증거로 활용될 수 있습니다. 여러분의 능력과 차이는 나쁘고 부적절하고 혹은 위협적인 것으로 정의되고/간주되는 다른 차이들, 인종, 성, 계급, 젠더, 나이 등의 차이를 억압하는 데 이용될 것입니다. 영리경제는 늘 이런 방식으로 (차이를 지닌) 사람들을 잉여로 취급해왔습니다. 그리고 그 차이는 궁극적으로 여러분의 미래와 나의 미래를 잘라내는 데 이용될 것입니다.

차이라는 집은 우리가 가장 취약해지는 곳에서 우리가 지닌 가장 큰 힘을 끌어낼 수 있다고 보는 갈망으로 이루어져 있습니다. 그것은 우리 삶의 무기창고에서 치워버릴 수 없는 부분입니다. 우리의 차이가 무엇이든 외부에서 강제로 정의하도록 내버려둔다면, 우리가 지닌 차이는 항상 우리에게 해가 되는 방식으로 정의될 것입니다. 이런 외부의 정의는 이 사회가 필요로 하는 것과 우리 자신이 필요로 하는 것을 협상한 결과로 나오는 것이 아니라 이 사회가 필요로 하는 부분만을 반영해서 만들어지기 때문입니다. 하지만 우리가 우리의 차이를 인식하고 그 차이를 어떻게 사용하기를 바라는지, 무엇을 위해 사용하기를 바라는지를 충분히 탐색한다면, 즉 차이가 가진 창조적 힘을 탐색한다면 우리는 이 차이에 초점을 맞추어 우리 각자 스스로가 특정한 방법으로 미래를 만들어가는 데 헌신할 수 있습니다. 만일 이런 탐구가 일어난다면 말이지요.

내가 여기서 말하는 건 이론적인 토론이 아닙니다. 내가 여기서 말하는 건 우리의 삶, 우리의 꿈, 우리의 희망, 우리의 비전, 이 지구에서 우리의 자리를 이루는 바로 그 기본적 짜임새입니다. 이 모든 것은 우리의 노력과 수고, 그리고 과거의 승리로부터 태어난 것이기에 우리가 살아갈 미래의 형태를 결정하는 데 도움을 줍니다. 이것들을 소중히 여깁시다. 이것들로부터 배웁시다. 우리가 지닌 차이들은, 아무리 다르게 표현될지라도 우리가 공통의 전망을 공유한다는 것을 인정한다면 우리가 현재 상상할 수조차 없는 미래의 가능성에 불을 붙여줄 양극과도 같습니다. 모두가 풍요로울 수 있는 미래, 우리의 선택을 지지하는 살아 있는 지구가 그러한 가능성이 될 수 있습니다. 우리는 우리의 차이를 스스로 정의해야 합니다. 우리가 우리의 차이들을 바꾸기보다는 언젠가 그 차이들을 넘어설 수 있도록 말입니다.

그래서 오늘 나의 연설은 여러분 한 사람 한 사람에게 자기 자신을 기억하고 그 자아에 대한 새로운 정의에 도달하고 강렬하게 살아가자는 촉구입니다. 거짓된 동일성이 주는 편안함에도, 그 동일성이 제공해줄 것만 같은 그릇된 안정감에도 안주하지 말자는 촉구입니다. 여러분이 어떤 사람이 되고 싶은지 그 소망이 가져올 중요한 결과를 느껴보십시오. 그렇지 않으면 본질적인 것의 일부, 말하자면 여러분 자신을 억누른 결과 지속할 만한 가치가 있는 어떤 것도 만들어내지 못할 것입니다.

그리고 잘못 판단하지 마십시오. 우리가 지닌 차이를 느끼지 않는다면, 우리의 차이가 발휘할 기능과 그 의미를 살펴보지 않는다면, 너무 오랜 시간이 지나 어떠한 느낌도 가질 수 없을 때까지 그렇게 한다면, 여러분은 대가를 치르게 될 것입니다. 그 대가는 편협한 고립, 유독하기만 할 뿐인 육체적 안락, 거짓된 안정감, 한밤중에 문 두드리는 소리는 늘 다른 집에서 나는 소리일 거라는 잘못된 믿음과 같은 형태로 나타납니다. 개별적인 생존이란 가능하지 않습니다.

15

제1회 흑인 페미니스트 워크숍

1977년 7월 6일

우리는 중요한 일을 하기 위해 모였습니다.* 나는 흑인 페미니스트로서 우리 한 사람 한 사람이 즉각적인 해결책에만 집중해서 우리가 검토해야 할 사안과 우리의 계획, 우리의 꿈을 제한하지 않았으면 합니다. 내가 제안하고자 하는 것은 구체적이고 절박한 의제들을 뛰어넘어 우리가 우리 스스로를 조직함과 동시에 현재 진행 중인 전망과 그 전망에 따라나올 이론 또한 발전시키고 유지해야 한다는 것입니다. 우리가 왜 투쟁을 하는지를 보여줄 전망, 우리가 도래하기를 바라는 형태와 취향과 철학을 갖춘 전망 말입니다.

지배적 권력 게임은 반인간적 맥락에서 작동해왔기에 우리는 이 권력 게임을 두려워하도록 교육받아왔으나 한편으로 여전히 존중할 수밖에 없습니다. 그러나 만일 우리가 우리의 활동을 이 지배적 권력 게임에 참여하는 것으로만 한정한다면 우리의 활동은 억압적 권력관계를 재정의하고 변화시키는 것이 아니라 그저 동일한 억압적 권력관계 내부에서 우리의 역할을 다른 것으로 바꾸는 위험에 처하게 될 것입니다. 이는 궁극적으로 또 다른 피억압 집단을 만들어내는 결과로 이어질 뿐입니다. 이번엔 우리가 감독관이 될 수는 있겠지요. 그러나 우리가 이 체계 내부에서 차지하는 독특한 위치는 이 체계가 가장

---

* 컴바히강공동체는 1977년 4월 〈흑인 페미니즘 선언문〉을 발표했다. 이 글은 선언문 발표 이후 단체의 향후 활동 비전과 방향을 논의하고자 마련된 모임에서 로드가 한 발언을 기록한 것이다.―옮긴이

소중히 여기는 가정에 끊임없이 의문을 제기하는 것이고 그 가정을 급진적으로 변화시키는 것이지, 그 가정을 흡수해서 우리에게 유리한 방향으로 작동하도록 만드는 것이 아닙니다.

우리 주변의 모든 이들, 즉 우리의 자매와 아이들이 죽어가고 있다는, 아무도 발설하지 않는 사실을 실질적으로 다루기 위해서 우리가 일상에서 도모할 수 있는 모든 것을 활용해야 한다는 것은 맞는 말씀입니다. 그러나 우리가 임신중단, 강제적 불임시술, 의료보건 등 구체적 현안을 중심으로 흑인 여성들을 조직하는 동안에도, 우리 자신이 되고 싶어 하는 유형의 사람이 무엇인지, 우리가 소망하는 것의 본성이 무엇인지 지속적으로 검토해야 합니다. 그뿐만 아니라 우리가 지금 일구어가는 미래의 모습을 정의하는 데도 계속 힘을 기울여야 합니다. 왜냐하면 이러한 전망들이 배경이 되어 우리의 모든 이슈들을 부각시킬 것이기 때문입니다. 우리가 우리를 억압하는 것들에 기여하지 않으려면 어떻게 해야 할까요? 적이 은밀하게 설정한 전제들 가운데 우리가 우리 자신의 것으로 받아들여 내면화한 전제가 있지는 않나요?

저는 이 자리에 매우 진지한 마음으로 참석했고, 여기서 저의 역할이 무엇일지 스스로에게 물었습니다. 저는 시인이고, 우리를 지탱해주는 것은 바로 우리의 전망이라는 점을 모르지 않습니다. 우리가 가진 전망을 무시하지 말고 부당하게 다루지도 맙시다. 우리의 꿈을 가볍게 다루지 맙시다. 우리의 전망과

꿈은 그에 대한 우리의 믿음에 기대어, 그 이름으로 행해지는 우리의 노력에 기대어 미래로 향하는 길을 가리켜줍니다. 그리고 그 미래는 또한 우리의 것입니다.

우리 모두가 살기를 원하는 세상이 있습니다. 그 세상은 쉽게 얻어지지 않습니다. 우리는 그것을 미래라고 부르지요. 흑인 페미니스트인 우리 스스로가 그 미래의 모습에 대해 말하고, 생각하고, 느끼지 않는다면 우리 자신과 우리 아이들을 부패와 실패의 반복 속에 빠지게 할 것입니다. 백인 중심적 미국의 실수를 반복하는 것은 우리의 운명이 아닙니다. 그러나 우리가 성공의 상징을 잘못 해석한다면 미국과 똑같은 실수를 반복하게 될 것입니다.

16

오벌린대학교 졸업식 축사

1989년 5월 29일

삶의 이 순간에 선 여러분 모두를 축하합니다. 사람들은 대부분 대학을 졸업하던 날의 축사를 기억하지 못합니다. 내년에 누군가가 여러분에게 대학 졸업식에서 누가 축사를 했느냐고 묻는다면 여러분이 무어라 대답할지 궁금합니다. 내가 대학을 졸업했을 때를 기억해보니 당시 축사를 한 분은 중년의 흑인 여성이었습니다. 그분이 멋진 목소리를 가졌다는 건 기억합니다. 그분이 시인이었다는 것도 기억합니다. 하지만 그분이 뭐라고 했더라? 어쨌거나 새로운 아이디어란 없습니다. 오로지 삶을 통해서 그 아이디어들을 현실적이고 생생하게 만드는 새로운 방법들이 있을 뿐이지요. 무엇보다도 여러분에게 지금 당장 더 많은 미사여구는 필요 없습니다. 여러분에게 필요한 건 우리 모두가 연루된 전쟁에서 중요한 무기를 장만하는 데 도움이 되는, 평소에는 얻기 힘든 사실들입니다. 21세기에 생존하기 위해 치르는 전쟁, 이 행성의 생존과 모든 사람들의 생존을 위해 치르는 전쟁 말이지요.

제시 잭슨에게 감사하며(시)

미국과 소련은
세상에서 가장 강력한 나라이다
그렇지만 전 세계 인구의 8분의 1일 뿐이다
아프리카 사람들도 전 세계 인구의 8분의 1이다.

전 세계 인구의 2분의 1은 아시아인이다.

그중 2분의 1이 중국인이다.

중동에는 22개의 나라가 있다.

세 나라만 있는 게 아니다.

세상에서 대부분의 사람들은

노랗고, 까맣고, 갈색이고, 가난하고, 여성이고

비기독교인이고

영어를 사용하지 않는다.

2000년 즈음에는

세상에서 가장 큰 20개의 도시는

두 가지 공통점을 가지게 될 것이다

그 도시들 가운데 어떤 도시도 유럽에 있지 않을 것이고

미국에 있지도 않을 것이다.

여러분은 모두 너무나 아름답습니다. 그러나 예전에도 특별하고 아름다운 사람들을 보았습니다. 그리고 저는 그들이 지금 어디에 있는지 자문합니다. 무엇이 여러분을 다른 존재로 만드나요? 먼저 여러분은 내게 매우 특별한 날에 제 마음 깊은 곳에서부터 나오는 연설을 해달라고 요청했습니다. 나중에 사람들이 졸업식에서 누가 축사를 했냐고 묻거든 이 점을 기억해주십시오. 나는 내 할 일을 하는 흑인 페미니스트 레즈비언 전

사 시인이며, 내가 하는 일 중 하나는 여러분에게 이렇게 묻는 것입니다. 여러분은 여러분이 해야 할 일을 하고 있습니까? 사람들이 여러분에게 졸업식 축사를 한 사람이 무슨 말을 했느냐고 물으면 이렇게 대답하십시오. 여러분의 삶에서 가장 근본적인 질문을 던졌다고요. 여러분은 어떤 존재입니까? 여러분은 여러분의 힘을 여러분이 믿는 것을 위해 사용하고 계십니까?

여러분은 부정과 모순으로 점점 더 신경질적으로 변모하는 나라를 물려받았습니다. 지난 달 다섯 명의 남성들이 금성으로 향하는 위성을 날려보낸 시대에, 이 나라의 수도에서는 유아 사망률이 쿠웨이트보다 더 높게 나타났습니다. 우리는 가장 강력한 나라의 시민입니다. 우리는 또한 이 세상 모든 해방투쟁의 잘못된 편에 선 나라의 시민들이기도 합니다. 이게 무슨 뜻인지 느껴보십시오. 그것은 우리 한 사람 한 사람의 삶을 사로잡는 현실이자 우리의 꿈에 영향을 미칠 수 있는 현실입니다. 그것은 이타주의에 대한 것이 아닙니다. 그것은 자기보존에 대한 것입니다. 생존.

스물여덟 살의 백인 여성이 뉴욕 센트럴파크에서 구타당하고 강간당합니다. 여덟 명의 십 대 흑인 소년들이 조깅하던 여성들에게 무작위 폭행을 가했다고 체포되어 고소됩니다.*이 일은 우리 한 사람 한 사람에게 영향을 미치는 악몽입니다. 저는 이렇게 폭력과 사회적 보복이 복합적으로 얽힌 비극의 덫에 걸린 이 젊은이들 한 명 한 명의 몸과 마음, 영혼을 위해서

기도합니다. 우리 중 그 누구도 이처럼 타인을 비인간화하는 행위로부터 자유로울 수 없습니다. 우리가 어떤 존재인지를 활용해 우리의 삶으로, 우리가 믿는 것이 무엇인지를 증언하는 것은 이타주의가 아닙니다. 그것은 자기보존의 문제입니다. 이 체계에 전쟁을 선포한 이들은 흑인 아이들이 아닙니다. 흑인 아이들, 남자아이들과 여자아이들 모두에게 전쟁을 선포한 것은 바로 이 체제입니다.

리키 보든, 열한 살 흑인 소년, 뉴욕 스탠튼아일랜드에서 경찰에게 죽임을 당했습니다. 1972년 일이죠. 클리퍼드 글로버, 열 살, 뉴욕 퀸즈에서 경찰에게 죽임을 당했습니다. 1975년에 일어난 일입니다. 랜디 에번스, 열네 살, 뉴욕 브롱크스에서 경찰에게 죽임을 당했습니다. 1976년 일이지요. 앤드리 롤런드, 7학년 아이, 백인 소녀와 데이트를 한다고 협박을 당한 후 미주리주 콜롬비아에서 목매달려 숨진 채 발견되었습니다. 죽임을 당한 흑인 청년들의 목록은 계속 이어집니다. 여러분은 지성을 지닌 강한 존재입니다. 여러분의 아름다움과 장래가 여러분의 얼굴 위에 실안개처럼 드리워 있습니다. 저는 여러분에게 간절히 부탁합니다. 여러분의 힘과 아름다움을 허비하지 마

✿　1989년에 일어난 센트럴파크 조깅 사건 또는 센트럴파크 5인 강간 사건이라 불리는 이 사건은 2002년에야 연쇄 강간범의 소행임이 밝혀졌고, 이 사건에 연루된 흑인 소년들은 2002, 그중 한 명은 2022년에야 유죄판결이 취소되었다.—옮긴이

십시오. 여러분이 어디에 자리를 잡든, 그곳에서 여러분의 힘과 아름다움을 행동으로 바꾸어내십시오. 그렇지 않으면 여러분은 여러분 자신을 파괴하는 일에 동참하게 될 것입니다.

여러분에게 뻔한 이야기를 하지는 않겠습니다. 대부분 서른 살이 되기 전, 여러분 가운데 10퍼센트는 우주항공 분야에 종사할 것이고 10퍼센트는 에이즈에 감염될 것입니다. 언젠가 중세 암흑기의 전염병에 비교될지도 모를 이 질병은 아프리카를 근거지로 발생해 녹색원숭이로부터 인간에게로 자생적이고 불가해하게 옮겨왔다고들 합니다. 그러다 20년 전인 1969년, 존 쿡슨과 주디스 노팅엄이 쓴《화학적·생물학적 전쟁에 대한 연구 A Survey of Chemical and Biological Warfare》라는 제목의 책이 먼슬리리뷰프레스에서 출간되었습니다. 이 책에서 녹색원숭이병은 치명적인 피, 섬유조직, 그리고 섹스를 통해 전염되는 바이러스로 다뤄지면서 질병을 유발하는 전적으로 새로운 단계의 유기체를 보여주는 사례이자 생물학적 전쟁에서의 이해관계를 보여주는 사례로 등장합니다. 이 책은 또한 이 바이러스가 '새로운' 유기체를 만들어내기 위해서 유전자적으로 조작될 가능성도 논의했습니다.

그러나 저는 정말 희망합니다. 삶의 현실을 직면한다고 절망할 것은 없습니다. 절망은 우리의 적들이 사용하는 도구입니다. 우리가 사는 삶의 현실을 직면하면 행동할 동기를 찾아낼 수 있습니다. 우리는 무력하지 않기 때문입니다. 오늘 여러분이 받는 이 학위는 여러분이 지닌 힘의 일부입니다. 여러분은 왜 이런 어려운 질문을 던져야 하는지를 잘 알고 있습니다. 그것은 이타주의 때문이 아닙니다. 그것은 자기보존, 즉 생존 때문입니다.

이곳에 있는 여러분 한 사람 한 사람은 특권을 지닌 존재입니다. 여러분은 잠잘 곳이 있고 굶주린 채로 잠자리에 들지 않습니다. 우리는 오늘날 미국을 어슬렁거리며 배회하는 수백만 명의 홈리스 집단의 일부가 아닙니다. 여러분이 누리는 특권을 생각하며 죄책감을 가지라는 말이 아닙니다. 그 특권은 여러분이 지닌 힘의 일부입니다. 여러분은 그 힘을 여러분이 믿는 것들을 지지하고 발전시키는 방향으로 사용해야 합니다. 사용하지 않고 흡수만 하는 것은 자신의 특권을 가장 심각하게 오용하는 것입니다. 이 나라 인구 가운데 가장 가난한 5분의 1의 사람들은 지난 10년 동안 7퍼센트 더 가난해졌고, 이 나라에서 가장 부유한 5분의 1은 11퍼센트 더 부유해졌습니다. 여러분은 오로지 여러분이 누릴 특권적 지위를 보호하는 일에 여러분의 삶을 얼마나 쏟아부을 계획인가요? 더 나은 세상을 만들겠다는 꿈과 신념을 이루기 위해 준비하는 시간보다 더 많은 시간을 투자하고 있지는 않은가요? 창의력과 힘 기르기란 바로 더 나은 세상을 만들고 싶은 꿈과 신념을 행동으로 실천하는 것입니다. 나머지는 파괴입니다. 그리고 우리가 우리의 힘을 어디에 쓸지는 이 둘 중 하나로 결정됩니다.

정의를 믿는 것만으로는 충분치 않습니다. 흑인 가족과 히스패닉 가족이 벌어들이는 중위소득은 지난 3년간 감소한 반면, 백인 가족의 중위소득은 1.5퍼센트 증가했습니다. 이제 21세기까지 11년이 남았습니다만, 아직도 큐클럭스클랜KKK의 지도자가 루이지애나주 공화당 국회의원으로 당선될 수 있습니다. 7학년 열네 살의 흑인 소년들은 백인 소녀와 데이트를 한다는 이유로 아직도 린치를 당하고 있습니다. 우리는 인종차별에 반대한다고 말하는 것만으로는 충분치 않습니다.

모든 사람이 각자 자신의 성적 선호를 따를 권리가 있다고 믿는 것만으로는 충분치 않습니다. 동성애혐오를 일삼는 농담은 단순히 남학생들의 또래 모임에서 흥에 겨워 나오는 말이 아닙니다. 게이를 구타하는 것은 그저 별 뜻 없이 어슬렁거리다 저지르는 폭행이 아닙니다. 1년쯤 전에 펜실베이니아의 어느 캠핑장에서는 두 명의 백인 여성이 한 백인 남성이 쏜 총에 맞아 한 명이 사망하는 사건이 일어났습니다. 백인 남성은 여성들이 텐트 안에서 사랑을 나누는 것을 보고 화가 치밀었다고 말하면서 무죄를 주장했습니다. 여러분이 이 재판의 배심원석에 앉는다면 어떤 평결을 내리시겠습니까?

크리스천아이덴티티Christian Identity, 탐메츠거아메리칸프런트Tom Metzger's American Front 같은 혐오단체가 파시즘의 기운을 내뿜으며 유대인 회당이 훼손되는 사례가 늘고 있는 지금, 반유대주의는 잘못된 것이라고 믿는 것만으론 충분치 않습니다. 현재 유대인 여성을 비웃는 농담이 증가하는 현상은 여성혐오뿐만 아니라 반유대주의를 감추는 가면입니다. 다음번에 유대인 부자 공주 이야기를 들으면 여러분은 무어라고 말씀하시겠습니까?

함께 행동하며 작업하기 위해서 우리가 서로 같은 존재가 될 필요는 없습니다. 그러나 우리는 우리의 목적이 같다는 점뿐만 아니라 서로를, 즉 우리의 차이를 정말로 인식해야 합니다. 이타주의를 위해서가 아닙니다. 자기보존, 즉 생존을 위해서입니다.

삶의 모든 날 하루하루는 여러분이 되고 싶어 하는 사람이 되어가는 실천입니다. 즉각적인 기적은 일어나지 않습니다. 갑작스레 당장 기적이 일어나서 여러분이 한순간 담대하고 용감하고 진실된 사람이 되는 일은 없습니다. 그러나 여러분이 여러분의 힘을 사용하기를 거부하면서 뒤에 조용히 물러나 앉아 있는 동안 매일 끔찍한 일들이 우리의 이름으로 행해지고 있습니다.

우리가 연방정부에 내는 세금 중에서 매년 30억 달러에 이르는 돈이 이스라엘에 대한 군사적, 경제적 지원금으로 사용됩니다. 그중에서 2억 달러는 팔레스타인 사람들이 고국의 군사적 점령을 종결시키려고 분투하며 일으킨 봉기를 진압하는 데 쓰입니다. 이스라엘 군대는 미국에서 만든 최루탄을 팔레스타인 사람들의 집과 병원에 투척하며 아기, 환자, 노인 들을 죽이고 있습니다. 열두 살 정도로 어린아이들까지 포함하는 수천

명의 팔레스타인 사람들이, 철망을 두른 수용소에서 아무 재판도 받지 못한 채 억류되어 있고, 이런 폭력에 반대하는 양심적 유대인들도 체포되어 억류당하고 있습니다.

여러분이 사는 지역의 국회의원들에게 중동에서의 평화로운 해결책을 실행하라고, 팔레스타인 사람들의 권리를 인정하라고 압박하는 것은 이타주의가 아닙니다. 그것은 생존의 문제입니다.

특히 저의 흑인 자매들과 형제들에게 촉구합니다. 아프리카계 미국인으로서 우리의 일상생활에서 일어나는 온갖 인종차별과 싸우는 동안에도 우리는 유색인종으로 구성된 국제 공동체의 구성원이라는 점을 기억하십시오. 세계 곳곳에서 살아가는 아프리카계 디아스포라가 우리를 보면서 이렇게 묻고 있다는 점을 기억하십시오. 미국 시민으로서 당신은 당신의 힘을 어떻게 사용하고 있나요? 해방을 위해 투쟁 중인 우리의 형제와 자매들을 억압하는 데 당신의 힘이 이용되도록 내버려두고 있지는 않나요?

아파르트헤이트는 남아공으로부터 아프리카의 남쪽 끝전체를 가로질러 퍼져나가는 질병입니다. 남아공에서 이 대량학살의 체계는 미국, 이스라엘, 일본의 군사적, 경제적 지원을 받아 지탱되고 있습니다. 나는 미국의 존재를 지지하듯 이스라엘 국가의 존재도 지지합니다. 그렇다고 해서 내가 미국이나 이스라엘에서 비롯된 심각한 불의를 보지 못한다는 뜻은 아닙니다. 이스라엘과 남아공은 정치적으로, 경제적으로 긴밀하게 얽혀 있습니다. 이스라엘의 주요 수입원 중 하나는 다이아몬드 이지만 이 다이아몬드는 이스라엘에서는 나오지 않습니다. 그러나 남아공의 다이아몬드 광산에서 노예처럼 일하는 흑인 노동자들은 하루에 30센트도 벌지 못합니다.

아파르트헤이트에 반대한다고 말하는 것으론 충분치 않습니다. 우리가 내는 세금 중에서 4000만 달러가 남아공이 지원하는 앙골라완전독립민족동맹 세력에 대한 지원금으로 쓰입니다. 앙골라완전독립민족동맹은 앙골라 독립을 억압하는 우익 세력이지요. 우리가 세금으로 낸 돈이 지뢰를 사는 데 쓰이며 이 지뢰 때문에 5만여 명의 앙골라인들이 팔다리를 잃었습니다. 워싱턴은 나미비아의 독립을 막으려고 남아공과 손잡고 있는 것 같습니다. 오판하지 맙시다. 남아공, 앙골라, 나미비아는 언젠가 자유로워질 것입니다. 하지만 우리의 아이들이 우리에게, '미국인들이 만든 총알이 남아공 소웨토에서 흑인 아이들을 죽이고 있었을 때 엄마 아빠는 뭐하고 있었어요?'라고 묻는다면 우리는 뭐라고 대답하게 될까요?

이 나라에서 모든 아이들은 피부색에 상관없이 방치되어 죽고 있습니다. 1980년 이후 미국 백인 아동의 빈곤율은 30퍼센트 증가했습니다. 아프리카계 미국인 아동의 50퍼센트와 라틴계 미국인 아동의 30퍼센트가 빈곤 속에서 자라고 있으며, 이 나라의 원주민 빈곤율은 이보다 훨씬 더 높습니다. 마젤란

호가 금성을 향해 광속으로 날아갈 때 이 지구 행성에서는 1분에 서른 명의 아이들이 굶주림과 의료 서비스 부족으로 죽습니다. 같은 1분마다 전쟁에 쏟아붓는 돈은 170만 달러입니다.

백인 아버지들은 우리에게 이렇게 말해왔지요. "나는 생각한다. 그러므로 존재한다." 그러나 우리 각자의 마음속에 있는 흑인 어머니들—우리 안의 시인들—은 우리의 꿈 속에서 이렇게 속삭입니다. "나는 느낀다. 그러므로 자유롭다." 여러분이 느끼는 것을 활용하여 행동하는 방법을 배우십시오. 개인적이고 정치적인 변화는 하루아침에 일어나지 않습니다. 우리는 우리가 매일같이 내리는 결정들을 통해, 우리의 믿음을 우리의 삶으로 증언하는 방식들을 통해 힘을 키웁니다. 우리가 가진 힘은 상대적이지만 현실적입니다. 우리가 지닌 힘을 사용하는 법을 배우지 않는다면, 이 힘은 여러분, 저, 그리고 우리의 아이들을 억압하는 데 이용될 것입니다. 변화는 여러분에게서 시작되지 않았고 여러분에게서 끝나지도 않을 것입니다. 우리의 삶에서 우리가 행하는 것들이야말로 이런 변화를 일구는 연결점을 만들어내는 데 절대적으로 필요한 부분입니다. 매일 일상생활에서 하는 행동 하나하나가 자투리 천이 되어 우리의 미래라는 조각보를 완성할 것입니다.

우리들 각자에게는 참으로 다양한 부분들이 있습니다. 그리고 이런 우리들은 참으로 많습니다. 우리가 어떤 미래를 원하는지 그려낼 수 있다면 그 미래를 만들어낼 수 있습니다. 우리는 우리 자신의 서로 다른 모든 부분들을 강하게 만들어야 합니다. 우리가 힘을 기르기 위해서는 서로가 필요하며, 서로가 벌이고 있는 싸움도 필요하기 때문입니다.

여러분이 지금 마음 깊숙한 곳에서 솟아오르는 힘을 느낀다면 그것은 저의 것도, 여러분 부모의 것도, 여러분을 가르친 교수들의 것도 아닙니다. 그 힘은 여러분 마음 깊은 곳에 살아 있는 것입니다. 그 힘은 여러분의 것이고 여러분이 그 힘의 소유자입니다. 여러분은 이 졸업식장 밖으로 그 힘을 가지고 나갈 것입니다. 잘 사용하든 낭비하든, 여러분은 그 힘에 책임이 있습니다. 모두에게 행운이 있기를 빕니다. 함께, 우리의 차이를 의식적으로 인정하는 가운데 우리는 이길 수 있고, 이길 것입니다. 투쟁은 계속됩니다.

17

레즈비언과
게이 출판의 주요 현안

빌화이트헤드상* 수상식, 1990

* 　빌화이트헤드상Bill Whitehead Memorial Award은 퀴어 글쓰기에 평생을 바친 퀴어 작가들에게 수여하는 상으로 1989년에 첫 수상자를 발표했다. 빌 화이트헤드는 1988년~1989년 겨울에 설립된 퀴어 문학/저술 출판사인 트라이앵글그룹의 초기 편집자로, 퀴어 문학과 저술의 출판에 크게 기여한 게이 남성이다. 로드는 제4회 빌화이트헤드상 수상자이다. 홀수 해에는 남성으로 정체화한 작가에게, 짝수 해에는 여성으로 정체화한 작가에게 상을 수여한다. 로드는 1973년 전미도서상에 에이드리언 리치, 앨리스 워커와 함께 수상 후보에 올랐지만 최종적으로 리치가 수상자로 꼽혔다(이 세 여성은 이 상의 수상을 거절하는 연설문을 함께 작성했다). 빌화이트헤드상도 레즈비언 작가로서는 백인 여성인 리치가 먼저 받았고 로드가 이어 두 번째로 받았다. 로드는 이 수상 연설에서 심사위원단의 구성 및 퀴어 문화의 육성을 사명으로 삼은 트라이앵글출판사의 인종 정치를 비판하면서, 퀴어 출판에서의 현안에 인종 의제가 포함되어야 함을 강조한다. 빌화이트헤드상 수상자들은 퀴어 이론과 운동에 크게 기여한 작가와 연구자들이다. 1970년대 후반 컴바히강공동체(15장 참조)에서 로드와 함께 활동했던 셰릴 클라크는 2021년에 이 상을 받았다. 앨리슨 벡델은 2012년 수상자이다. 1989년부터 수상자 명단은 다음을 참조하라. https://publishingtriangle.org/awards/bill-whitehead-award/ 트라이앵글출판사는 2001년 레즈비언 시 분야의 상을 제정하면서 그 이름을 오드리로드상이라고 명명했다.—옮긴이

오늘날 레즈비언과 게이 출판의 주요 현안은 기본적으로 언제나 시급하고 중요한 것, 말하자면 우리의 생존, 우리의 미래입니다. 즉 우리 각자에게 그리고 집단적으로 물어야 할 질문은 이것입니다. 우리는 우리 자신을 어떻게 정의하나요? 우리는 어떻게 우리의 존재를 우리의 신념 뒤에 제쳐놓고 있나요?

우리는 우리 자신의 미래, 우리가 속한 다양한 공동체의 미래를 함께 만들어가는 레즈비언과 게이입니다. 우리는 이 공동체들 안에서 레즈비언과 게이로 살아가는 것의 의미를 정의해야 합니다. 공동체가 없다면, 우리가 할 수 있는 것이 무엇이든 그저 개인과 그 개인이 처한 특수한 상황 사이의 일시적 휴전만 있을 뿐이기 때문입니다.

레즈비언과 게이 출판은 진공 속에 존재하지 않으며, 우리는 거대한 통 안에 든 균질화된 우유가 아닙니다. 우리는 부정과 모순으로 점점 더 신경질적으로 변모하는 세상에서 살아가는 레즈비언과 게이입니다. 즉 우리는 가진 자들과 없는 자들 사이의 불공평한 차이가 점점 더 커져서, 그 불평등이 우리 한 사람 한 사람의 현관 앞마당에서 터질 것 같은 위험으로 가득 찬 세상에서 살아가는 레즈비언과 게이입니다. 물론 여러분은 이렇게 말씀하시겠지요. 우리는 모두 세계적 관점이 중요하다는 걸 알고 있다고, 오존층이 사라지고 있으며 핵무기의 확산으로 지구 행성이 독극물에 중독되어가고 있다는 사실도 잘 알고 있다고요. 그렇지만 [파키스탄 펀자브 지역의 주도인] 라호르와

[아프리카 열대림과 사하라사막 사이의 초원 지대인] 사헬 지역에서 아이들이 굶어 죽어가고 있습니다. 미국의 로스앤젤레스와 뉴욕에서는 아이들이 약물중독으로 사망하고 있습니다. 라이프치히와 베를린과 브루클린에서는 아이들이 피부색을 이유로 짓밟혀 죽습니다. 이런 죽음을 이 지구에서 살아가는 점점 더 많은 사람들이 지켜보고 있습니다. 그리고 이런 상황에서 핵무기에 의한 집단 학살과 생태적 재난은 아무런 관심을 받지 못하고 있습니다. 이러한 시기에 레즈비언과 게이 출판은 무엇을 하고 있나요?

저는 흑인 레즈비언 페미니스트 전사 시인 어머니이며, 저의 이 모든 정체성보다 더 강인한 사람입니다. 저는 분리 불가능한 통합성을 지닌 사람으로 존재합니다. 여러분이 오늘밤 이 자리에서 저에게 이 상을 주게 한 저의 작품은 바로 이런 정체성들에서 나온 통찰과 힘의 산물입니다.

지금 여기 북미에서 증가하는 인종차별, 반유대주의, 이성애중심주의적 공격들은 유럽 대륙 전체에서 동일하게 일어나고 있습니다. 아프리카계 유럽인들, 유대인들, 동성애자와 외국인 노동자에게 가해지는 새로운 파시즘적 행위가 증가하고 있습니다.

우리가 21세기에 살아남으려면 반드시 말해야 하는 질문과 입장을 작품 속에 또박또박 표현하는 유색인종 레즈비언과 게이 작가들이 이 나라에 있습니다. 이러한 유색인종 레즈비언과 게이 작가들 중 얼마나 되는 이들이 트라이앵글그룹에 포함되어 이 그룹에 속한 구성원들의 응원과 지원을 받고 있습니까? 현재 유럽 대륙에서 일어나는 정치적 변화가 이 지구에서 살아가는 대다수의 사람들인 유색인종에게 무엇을 의미하는지를 자세히 기록하는 유색인종 레즈비언과 게이 작가들도 유럽 도처에 존재합니다. 여러분은 이들 중 얼마나 많은 작가들을 알고 있나요? 이들의 원고가 여러분의 책상에 도착했을 때, 이들의 책에 관한 소박한 설명이 여러분의 우편함에 꽂혀 있을 때 여러분은 여러분이 지닌 힘을 어떻게 사용하십니까?

1990년 지금 레즈비언과 게이 출판에서 중요한 현안은 무엇입니까? 좀 더 단순히 말씀드리자면, 전 세계 인구의 8분의 7이 유색인종이 될 21세기에 여러분은 여러분 자신을 어떻게 정의하고 있습니까? 그리고 그 정의가 발생시키는 힘을 여러분은 어떻게 사용하실 겁니까?

저는 이 상을 받는 것이 명예로운 일임을 잘 알고 있습니다. 그렇지만 명예로움이란 동료 집단의 결정을 포함할 때라야 의미가 있습니다. 저에게 이 상을 주기로 결정한 여러분의 집단에 유색인종 레즈비언과 게이 남성이 얼마나 포함되어 있나요? 얼마나 많은 이가 이 상을 저에게 수여하자고 찬성표를 던졌나요? 더 나아가 여러분은 유색인종 작가들의 작품을 얼마나 많이 출판했나요? 여러분은 얼마나 많은 유색인종 작가들을 격려해 그들이 목소리를 내도록 도왔나요? 가장 큰 규모로 레즈비언과 게이가 모인 전국 레즈비언과 게이 행진이 워싱턴 D.C.에서 열렸을 때, 그곳에서 열린 책 전시회에서 유색인종 게이의 작품은 무시당했습니다. 유색인종 레즈비언과 게이 작가들, 우리의 작업과 관심사들은 레즈비언과 게이 공동체에서 유통되는 출판 및 문예 소식지 내부에서도 여전히 비가시화됩니다.

'키친테이블: 유색인종 여성 출판사'는 유색인종 여성 레즈비언들이 설립해서 운영하는 출판사입니다. 이 출판사는 레즈비언과 게이 출판 연대기에 최초로 기록될 출판사 중 하나입니다. 우리가 운영하는 이 출판사는 이제 10년이 되어갑니다. 우리는 오늘 이 모임에서 어느 자리를 차지하고 있나요?

한 사람이 상을 받는다고 해서 그것이 유색인종 레즈비언과 게이 작가가 계속 사회적으로 비가시화되는 상태를 상쇄하지는 않을 것입니다.

여러분이 선한 신념에서 빌화이트헤드상을 저에게 수여했으리라고 믿습니다. 그러므로 저는 이 상과 함께 오는 인정을 받아들입니다. 그렇지만 저는 트라이앵글그룹이 주는 상금은 받지 않겠습니다. 이 그룹이 우리 모두의 생존을 위해 차이들을 창조적으로 활용했다는 점에서 진정으로 제 작품의 공적을 기리고자 한다면 저는 여러분 집단에게 다음 해에는 새로운 유색인종 레즈비언과 게이 작가들의 작품을 더 많이 포함시켜 세상에 드러내고, 어떤 과정을 거쳐 수상을 결정하게 되었는지도 함께 보고해주기를 요청합니다.

　　이것이야말로 진정으로 담대하고 유의미한 태도이자 1990년대 레즈비언과 게이 출판의 성장하는 비전과 힘을 보여주는 행동이 될 것입니다.

1990년 5월 15일

우리의 머리카락은 여전히 정치적인 것입니까?

올해 초 버진고다섬을 처음으로 찾은 나의 여행은 즐거운 안식의 시간이었다. 나와 내 친구 세 명은 허리케인 휴고로 인한 엄청난 재난을 수습한 뒤, 크리스마스 휴가를 카리브해 지역 어느 곳에서 보내자고 결정했다. 사적으로든 일로든, 내가 지금껏 했던 여행 중에서 버진고다야말로 가장 이상적인 장소 같았다. 집에서도 비행기로 한 시간 이내이고.

세인트크로이섬에서 온 또 다른 흑인 여성인 친구와 나는 비행기를 타고 토르톨라[카리브해 북동쪽에 있는 영국령 버진아일랜드의 주도]에 내려 비프아일랜드공항의 영국령 버진아일랜드 이민국에서 입국 신고를 했다. 며칠 동안 허리케인이 남기고 간 문제가 있었지만, 이곳에서 보낼 아주 멋진 휴가를 기대하며 그저 여행으로 기분 전환을 할 수 있다는 사실이 기뻤다. 아침은 빛나고 화창했으며, 우리의 짐가방 속에는 냉동 칠면조가 들어 있었고, 휴가를 보낼 숙소를 장식할 소품들도 가져왔다.

이민국 공무원 책상에서 일하는 흑인 여성은 날카롭게 주름을 잡아 다린 제복을 입었고, 나보다 젊고 흠결이라곤 없는 스타일로 한껏 머리를 단장한 여성이었다. 나는 그에게 입국카드를 건넸다. 그는 고개를 들어 나를 쳐다보더니 미소와 함께 카드를 받으면서 "머리는 누가 해주나요?" 하고 묻는다.

친구와 나는 버진고다로 가는 유일한 여행객이다. 흑인 여성 작가로서 널리 여행하다보니 최근에 이런 질문을 많이 받는다. 흑인 여성들이 길을 지나다가, 슈퍼마켓 계산대와 버스를 기다리면서, 세탁소에서 너무나 자주 하게 되는 헤어스타일에 관한 대화들 중 하나를 여기서도 시작하려나보다 생각하면서, 나는 이민국 심사관에게 내 머리는 내가 단장한다고 대답했다. 그는 질문을 더 이어갔고, 나는 어떻게 머리를 하는지 자세히 설명해주었다.

여전히 미소를 머금고 있던 그는 갑작스레 "그런데 그 머리를 하고 여기 오실 수는 없다는 걸 아실 텐데요" 하고 말한다. 나는 뭐라고 대답해야 할지 전혀 준비되지 않은 상태였다. 그리고 나서 그는 손을 뻗어 나의 외국인 방문객 카드에 '입국 금지' 도장을 찍었다.

"오, 몰랐어요" 하고 내가 말했다. "그러면 머리를 가리겠습니다" 하며 머릿수건을 꺼냈다.

"가려도 소용없습니다." 그가 대답했다. "세인트크로이섬으로 돌아가는 다음 비행기는 오늘 저녁 다섯 시에 있습니다." 그러자 땋은 머리 장식을 단 친구가 이번에는 나를 도우려 이렇게 말했다. "머리가 뭐가 잘못된 건가요? 제 머리는 어떤가요?"

"당신 머리는 괜찮습니다." 내 친구가 들은 대답이다. "그건 헤어스타일이니까요."

"하지만 제 머리도 그저 헤어스타일인데요." 이렇게 대꾸했지만 이런 일이 나한테 벌어지고 있다는 사실을 여전히 믿을 수 없었다. 나는 전 세계를 자유롭게 여행했다. 그런데 지금 카리브해의 한 나라에서 한 흑인 여성이 내 머리카락 모양새 때문에 입국할 수 없다는 말을 나에게 하고 있는 것이다.

"입국 심사 책에 법이 적혀 있습니다." 그가 말했다. "당신은 **그렇게** 보여서는 여기에 입국할 수 없습니다."

나는 늘 나의 큰 자랑이었던 타고난 레게 머리를 매만졌다. 1년 전에 머리를 더 이상 자르지 않고 개인적 스타일의 표현으로 레게 머리를 기르기로 결정했다. 성인이 된 후 대부분 동안에 내가 자연스러운 아프로[둥근 곱슬머리]를 했던 것과 똑같은 이유로 말이다. 나는 1980년대 초반에 《에센스》 잡지에 실린 표지 기사를 기억한다. 그 기사는 나의 가장 인기 있는 시들 중 한 편인 〈당신의 머리카락은 여전히 정치적인 것인가?ᴵˢ Your Hair Still Political?〉에 영감을 주기도 했다.

"진심은 아니죠?" 내가 말했다. "그렇지 않다면 왜 내가 이 사실을 몰랐을까요? 흑인 여성들이 당신 나라에서 특정 스타일의 머리를 해야만 입국 허가를 받는다는 여행자 정보가 어디에 쓰여 있나요? 그리고 왜 우리가 그렇게 해야 하지요?"

그러자 그의 얼굴에는 미소가 사라졌다.

"그건 5년 이상 된 법이에요." 그는 톡 쏘아붙였다. 우리의 짐가방이 버진고다행 비행기에서 내려지는 것을 보면서 그가 농담하는 것이 아니라는 사실을 깨달았다.

"내가 무슨 수로 그 법에 대해 알 수 있겠어요?" 나는 항의했다. 우리의 휴가 음식은 아스팔트 위에서 녹을 것이고 뉴욕에서 온 친구들은 우리가 도대체 어디쯤에 와 있는지 궁금해할 것이며, 공항에서 우리를 기다리고 있을 호스트는 바닷가 숙소까지 우리를 안내해주러 왔다가 허탕을 치고 말 것이었다. 이 모든 상황이 눈에 선하게 보였다.

"영국령 버진아일랜드에 마약류를 들여올 수 없다는 것은 읽었습니다. 영국령 버진아일랜드에서 취직을 해도 안 된다는 것도 읽었습니다. 영국령 버진아일랜드에서 해서는 안 되는 다른 것들에 대해서도 읽었습니다만, 흑인 여행자들이 영국령 버진아일랜드에 방문할 때 레게 머리를 하면 안 된다는 것을 어떻게 알 수 있습니까? 아니면 당신 나라는 흑인 여행자들이 오지 않기를 바라는 건가요?"

이즈음이 되자 나는 너무 화가 났다. 밖에는 뜨거운 태양이 작렬하고 내 앞에는 검은 얼굴이 있었지만 내가 지금 어디에 있는지 일순간 혼란스러웠다. 나치 독일에 있나? 파시즘이 불던 스페인? 인종차별 국가 남아공? 이런 나라들에서 수십 년 동안 백인들은 흑인들의 **외모**를 이유로 흑인들을 배제했다. 그런데 지금은 아니다. 나한테 자기 나라에 온 여행객인 나를 받아들일 수 없다고 말하는 사람은 바로 카리브 지역 나라의 흑인 여성이다. 그것도 내가 어떤 행동을 해서도 아니고, 어떤 사람이어서도 아니고, 그저 특정 머리 모양을 했다는 이유로 말이다.

이러고 있을 때 젊은 백인 조종사가 왜 비행이 지연되는지를 알아보러 왔다. "저 여성의 머리카락 때문이라는 게 무슨 뜻인가요?" 마침내 이민국 관리자가 왔고 나에게 입국카드 한 장을 다시 작성하라고 했다.

"왜 저는 버진고다에 갈 수 없는 것이지요?" 내가 다시 묻기 시작했다. "저는 전에 그곳에 간 적이 있습니다. 그리고 제 머리에 뭐가 잘못된 게 있나요? 제 머리는 불온하지 않습니다. 비위생적이지도 않아요. 비도덕적인 것도 아닙니다. 자연스럽지 않은 것도 확실히 아니고요!"

그 관리자는 나의 잘 단장한, 귀까지 닿는 길이의 레게 머리를 쳐다보았다. "당신은 라스타^{Rasta}인가요?" 하고 그가 물었다. 그제야 이 소동이 대체 무엇 때문에 벌어졌는지 마침내 분명해졌다.

그는 내가 살인자인지 묻지 않았다. 그는 내가 마약상이거나 인종차별자인지, 내가 KKK 단원인지 묻지 않았다. 대신 그는 내가 라스타파리안 종교의 추종자인지를 물었던 것이다.

어떤 사람들은 레게 머리를 보고 혁명을 떠올린다. 라스타파리안들이 종교 의례로 마리화나를 피우기 때문에 어떤 이들은 레게 머리를 보고 자동적으로 마약상이라고 생각한다. 하지만 카리브 지역 전체에 마약을 퍼뜨리는 사람들은 레게 머리를 한 사람들이 아니다. 그들은 쓰리피스 정장을 입고 서류가방과 외교 행낭을 들고 다니며 대개 이민국 심사를 아무런 문제 없이 통과한다.

나는 진실해 보이는 이 젊은 흑인 남성을 잠시 쳐다보았다. 그러자 내 머리카락은 갑자기 매우 정치적인 것이 되었다. 공포의 물결이 나를 엄습했다. 우리는 지금 공공안전이란 명목 하에 흑인들로서 서로에게 얼마나 많은 형태의 종교적 박해를 가하고 있는 것인가? 그리고 내가 라스타파리안이라고 가정 해보자. 이 경우 어떤 일이 벌어지는가? 왜 그것이 자동적으로 내가 버진고다에서 휴가를 보낼 수 없음을 의미하는가? 그것 이 왜 내가 여행객으로서 쓸 돈을 사용 불가능한 것으로 만드 는가?

그가 나에게 내가 유대인인지 물었다면 어땠을까? 퀘이 커 신자냐고 물었다면? 개신교인이었다면? 가톨릭교인이었다 면? 우리가 역사의 유혈 낭자한 지면들에서 배운 것은 무엇인 가? 우리는 정말로 같은 실수들을 반복할 운명인가?

나는 마음이 아팠다. 나는 "내가 라스타든 아니든 그게 중 요한 문제인가요?" 하고 묻고 싶었다. 그러나 나는 우리 짐들 이 태양 아래 놓여 있고, 비행기 조종사가 천천히 비행기로 걸 어가는 것을 보았다. 내 마음 깊은 곳에서 나는 생각했다. **늘 똑 같은 문제의 반복이다. 어느 편에 설 것인가?** 하지만 나는 고개 를 돌렸다.

"아닙니다, 저는 라스타파리안이 아닙니다." 나는 그렇게 말했다. 그리고 사실이다. 나는 라스타파리안이 아니다. 그러 나 마음 깊은 곳에서는 내가 나 자신의 일부를 부인하라는 질 문을 받고 있다고 느꼈고, 내가 전에 결코 의식한 적이 없는 나의 라스타파리안 형제자매들과 함께하는 연대감을 느꼈다.

"당신의 머리카락은 여전히 정치적입니까?"

그것이 언제 불타기 시작하는지 저에게 말해보십시오.*

입국카드에 승인 도장이 찍혔고 우리 짐가방은 다시 비행기에 실렸다. 우리는 20분 지연 후에 여행을 계속했다. 비행기가 활주로 끝까지 달리는 동안 비프아일랜드공항을 다시 쳐다보았다.

이 작은 섬에서 나는 흑인들이 다른 흑인들에게 불리하게 굴며, 우리 적의 무기를 서로에게 들이대고, 서로를 피부색, 복장의 길이, 머리 스타일로 판단하는 또 다른 예를 경험했다. 흑인 여성들이 서로를 적대시하며 억압의 도구로 이용당하는 것을 얼마나 더 오랫동안 지켜봐야 하는가?

흑인들이 사는 카리브해의 어느 섬에서 한 흑인 여성이 다른 흑인 여성의 얼굴을 쳐다보고 입국 거부 판정을 내렸다. 입국 거부의 이유는 행동, 신분, 심지어 신념 때문도 아니었다. **외모**였다. 흑인들이 서로에게 이렇게 자기혐오를 실천한다는 것은 무엇을 뜻하는가?

---

*   "A Question of ESSENCE," Lorde, *Our Dead Behind Us*, New York: Norton, 1986.

태양은 여전히 빛나고 있었지만, 어쩐지 날이 눈부시지는 않았다.

버진아일랜드, 세인트크로이섬에서

1990년 1월 10일

출처 및 수록 정보

1부 | 나는 당신의 자매입니다

1장 〈나는 당신의 자매입니다: 다양한 섹슈얼리티를 가로질러
조직하는 흑인 여성들〉은 로드가 설립한 유색인종 여성 출판사
키친테이블에서 〈아파르트헤이트 미국〉과 함께 1985년
팸플릿으로 처음 출판되었고, 나중에 로드의 1988년 산문집(*A
Burst of Light: Essays*, Firebrand Books)에 실렸다.

2장 〈아파르트헤이트 미국〉은 〈나는 당신의 자매입니다〉와 함께
1985년 키친테이블에서 팸플릿으로 처음 출판되었고, 나중에
로드의 1988년 산문집에 실렸다.

3장 〈다른 방향에서 바라보기: 레즈비언 엄마의 자녀 양육 1986〉은
다음 책에 처음 실렸다. *Politics of the Heart: A Lesbian Parenting
Anthology*, ed. Sandra Pollack and Jeanne Vaughn, Firebrand
Books, 1987. 나중에 로드의 1988년 산문집에 실렸다.

4장 〈사도마조히즘을 비난하는 것이 아닙니다: 오드리 로드와의

인터뷰〉는 다음에 실렸다. *Against Sadomasochism: A Radical Feminist Analysis*, ed. Robin Ruth Linden, Darlene R. Pagano, Diana E. H. Russell, and Susan Leigh Star, Frog in the Well, 1982. 1988년에 출간된 로드의 산문집에도 실렸다.

2부 | 나의 글은 계속 존재할 것이다

5장 〈게일 존스의 《에바의 남자》 리뷰〉는 스펠먼대학교 오드리 로드 아카이브(Audre Lorde Papers, Box 8)에 보관된 미출간 원고이다.

6장 〈자기정의와 나의 시〉는 1976년 12월 뉴욕의 현대언어학회에서 발표한 글로, 오드리 로드 아카이브(Audre Lorde Papers, Box 8)에 보관된 미출간 원고이다.

7장 〈팻 파커의 《흑인의 운동》 서론〉은 다음 책에 실렸다. *Movement in Black: The Collected Poetry of Pat Parker, Diana Press*, 1978.

8장 〈나의 글은 계속 존재할 것이다〉는 다음 책에 실렸다. *Black Women Writers (1950–1980): A Critical Evaluation*, ed. Mari Evans, Anchor Press/Doubleday, 1983.

9장 〈《색깔 드러내기: 역사의 흔적을 따라가는 아프리카계 독일 여성들》 영문판 서문〉은 다음 책에 독일어 번역으로 실렸다. *Farbe bekennen*, ed. Katharina Oguntoye, May Opitz, and Dagmar Schultz, Orlanda Frauenverlag, 1986. 이 글의 영어 원문은 앞의 책의 영문판인 다음의 책에 실렸다. *Showing Our Colors: Afro-German Women Speak Out*, trans. Anne V. Adams, University of Massachusetts Press, 1992.

10장 〈《필요: 흑인 여성의 목소리를 위한 합창》 개정판 서문〉은 1979년에 쓰였다. 이 서문은 1989년 키친테이블에서 처음 출판되었다.

11장 〈교사로서의 시인, 시인으로서의 인간, 인간으로서의 교사〉는
오드리 로드 아카이브(Audre Lorde Papers, Box 8)에 보관된
미출간 원고로 이 책에 처음 실렸다.

12장 〈시는 우리를 존재하게 한다〉는 오드리 로드 아카이브(Audre
Lorde Papers, Box 8)에 보관된 미출간 원고로 이 책에 처음
실렸다.

13장 〈어머니의 절구〉는 다음의 책에 실렸다. *Sinister Wisdom* 8, 1977,
54-61.

3부 | 차이와 생존

14장 〈차이와 생존: 헌터대학교 연설〉은 오드리 로드
아카이브(Audre Lorde Papers, Box 8)에 보관된 미출간 원고로 이
책에 처음 실렸다.

15장 〈제1회 흑인 페미니스트 워크숍: 1977년 7월 6일〉은 오드리
로드 아카이브(Audre Lorde Papers, Box 8)에 보관된 미출간
원고로 이 책에 처음 실렸다.

16장 〈오벌린대학교 졸업식 축사: 1989년 5월 29일〉은 오드리 로드
아카이브(Audre Lorde Papers, Box 8)에 보관된 미출간 원고로 이
책에 처음 실렸다.

17장 〈레즈비언과 게이 출판의 주요 현안: 빌화이트헤드상 수상식,
1990〉은 오드리 로드 아카이브(Audre Lorde Papers, Box 8)에
보관된 미출간 원고로 이 책에 처음 실렸다.

18장 〈우리의 머리카락은 여전히 정치적인 것입니까?〉는 오드리
로드 아카이브(Audre Lorde Papers, Box 8)에 보관된 원고로,

다음 책에 실렸다. *Go Girl!: The Black Woman's Book of Travel and Adventure*, ed. Elaine Lee, Portland, OR: Eighth Mountain Press, 1997.

오드리 로드 저서

The First Cities. New York: Poets Press, 1968.

Cable to Rage. London: Paul Breman, 1970.

From a Land Where Other People Live. Detroit: Broadside Press, 1973.

New York Head Shop and Museum. Detroit: Broadside Press, 1973.

Coal. New York: W. W. Norton, 1976.

Between Our Selves. Point Reyes, CA: Eidolon Editions, 1976.

The Black Unicorn. New York: W. W. Norton, 1978. [한국어판: 《블랙
  유니콘》, 송섬별 옮김, 움직씨, 2020]

The Cancer Journals. San Francisco: Spinsters Ink, 1980.

Zami: A New Spelling of My Name. Boston: Persephone Press, 1982.
  [한국어판: 《자미: 내 이름의 새로운 철자》, 송섬별 옮김, 디플롯, 2023]

Chosen Poems: Old and New. New York: W. W. Norton, 1982.

Sister Outsider: Essays and Speeches by Audre Lorde. Trumansburg,
  NY: Crossing Press, 1984. [한국어판: 《시스터 아웃사이더》,

주해연·박미선 옮김, 후마니타스, 2018]

I Am Your Sister: Black Women Organizing across Sexualities. New York: Kitchen Table: Women of Color Press, 1985.

Our Dead Behind Us: Poems. New York: W. W. Norton, 1986.

A Burst of Light: Essays by Audre Lorde. Ithaca, NY: Firebrand Books, 1988.

Undersong: Chosen Poems, Old and New. New York: W. W. Norton, 1992.

The Marvelous Arithmetic of Distance: Poems, 1987–1992. New York: W. W. Norton, 1993

오드리 로드 연보

1934년 미국 뉴욕시 할렘에서 태어남.

1951년 헌터대학교에 입학.

1959년 학사학위 취득.

1961년 컬럼비아대학교에서 도서관학 석사학위 취득.

1962년 에드윈 롤린스와 결혼.

1963년 딸 엘리자베스 출산. 역사적인 워싱턴 대행진에 참여함.

1964년 아들 조너선 출산.

1966년 뉴욕시 타운스쿨도서관의 수석 사서가 됨.

1968년 미시시피주 투갈루대학교에서 초청 작가로 활동. 첫 번째 시집 《최초의 도시들The First Cities》 출간. 이후 20여 년을 함께하게 될 프랜시스 클레이턴을 처음 만남.

1969년 뉴욕시립대학교 리먼칼리지에서 강의를 시작함.

1970년 두 번째 시집 《분노의 도화선Cables to Rage》 출간. 뉴욕시립대학교 존제이형사사법대학의 영문학부 교수에 임용됨.

1974년 1973년 설립된 전국흑인페미니스트단체의 보스턴 지부를 모태로 한 컴바히강공동체 설립.

1975년 에드윈 롤린스와 이혼.

1977년 로스앤젤레스에서 페미니스트 저널 《크리셜리스Chrysalis》 창간에 참여하고 시 분야 편집장이 됨. 매사추세츠주 사우스 해들리에서 컴바히강공동체가 개최한 첫 흑인 페미니스트 워크숍에 참여함. 유방암 진단을 받음.

1978년 스펠먼대학교에서 초청 강연함. 《흑인 학자Black Scholar》 특집호에 〈흑인과 성 혁명Blacks and the Sexual Revolution〉 기고.

1979년 10월 13일 워싱턴 D.C.에서 개최된 유색인종 게이 레즈비언 전국대회에서 기조연설.

1980년 유색인종 여성 출판사 키친테이블 공동 설립. 《암 일지》 출간.

1981년 헌터대학교 영문학부 문예창작 전공 교수로 임명됨. 사망할 때까지 함께한 반려자 글로리아 조셉을 세인트크로이섬에서 처음 만남. 조셉이 세이트크로이섬에서 여성 작가 심포지엄 개최. 세인트크로이여성연합Women's Coalition of St. Croix 설립. 미국 코네티컷주 스토스의 코네티컷대학교에서 개최된 미국 여성학회 연례 학술대회에서 〈분노의 활용: 인종차별에 대응하는 여성The Uses of Anger: Women Responding to Racism〉을 연설.

1983년 8월 27일 워싱턴 행진에서 연설. 《자미: 내 이름의 새로운 철자》 출간.

1984년 간암을 진단받음. 《시스터 아웃사이더》 출간. 세인트크로이섬에서 남아프리카자매들을지지하는자매들Sisters in Support of Sisters in South Africa을 글로리아 조셉과 공동 설립.

1985년 헌터대학교에서 오드리 로드 여성 시인 센터 개관.

1986년 세인트크로이섬으로 이주.

1988년 스펠먼대학교 총장 조네타 콜의 초청으로 연설.

1989년 허리케인 휴고가 세인트크로이섬을 강타.

1991년 뉴욕주 계관시인으로 임명. 1993년까지 계관시인 역임.

1992년 오랜 암 투병 후 세인트크로이섬에서 사망. 뉴욕의 세인트 존 더 디바인 대성당, 세인트크로이섬, 독일 베를린에서 추도식이 거행됨.

1995년 오드리 로드가 남긴 문서들이 스펠먼대학교 아카이브에 보관됨.

2004년 알렉시스 드 보Alexis de Veaux가 집필한 오드리 로드 전기《전사 시인Warrior Poet》 출간.

2006년 스펠먼대학교가 아커스 재단 기금으로 오드리 로드 문서를 체계적으로 정리. 스펠먼대학교 여성 연구 자료 센터가 25주년 기념식에서 오드리 로드의 생애와 업적을 기념함.

2009년 스펠먼대학교 아카이브의 오드리 로드 기록 문서가 대중에 공개됨.

나는 당신의 자매입니다

초판 1쇄 펴낸날	2025년 1월 13일
지은이	오드리 로드
옮긴이	박미선·이향미
펴낸이	박재영
편집	임세현·이다연
마케팅	신연경
디자인	조하늘
제작	제이오
펴낸곳	도서출판 오월의봄
주소	경기도 파주시 회동길 363-15 201호
등록	제406-2010-000111호
전화	070-7704-5240
팩스	0505-300-0518
이메일	maybook05@naver.com
X(트위터)	@oohbom
블로그	blog.naver.com/maybook05
페이스북	facebook.com/maybook05
인스타그램	instagram.com/maybooks_05
ISBN	979-11-6873-136-3 03330

만든 사람들

책임편집	이다연
교정교열	신원제
디자인	조하늘